歴史文化ライブラリー

273

エミシ・エゾから アイヌへ

児島恭子

吉川弘文館

目次

蝦夷と粛慎、靺鞨

古代のエゾ

近世の蝦夷観

近代のアイヌ観

アイヌ史の現在――プロローグ

アイヌ

日本にはアイヌという民族がいる。そのことを知らない日本人はどのくらいいるのだろうか。アイヌは過去には存在したが、今はもういないと思っている人もいる。アイヌについての知識は世代によっても異なっている。昭和三十年代、北海道観光が盛んだったころの観光地で〝アイヌを見た〟人々と、先住民の権利や文化を学ぶ現在の大学生とでは、アイヌに対するイメージはちがう。

一九世紀から二〇世紀の欧米では、日本のアイヌに対する関心が高かった。人類学的な研究の影響もあったし、一九〇四年にアメリカのセントルイスで開催された万国博覧会にアイヌが出演したことは来場した人々のあいだにも興味をわきおこした。しかし、それから一世紀後の今では、世界中の人々にアイヌという民族の存在が広範に知られているというよりは、一部で深い関心がもたれているという感じがする。国際的にという意味では、日本という国の地位に比べて、その日本のなかのアイヌについては発信するものがほとんど目立たず、知られていない。アイヌという存在は、その歴史観が曖昧なことが、外に向けての主張の弱さに影響している。

現在、アイヌをめぐって、過去とは比較にならないほどの知識を手に入れることができる。それはおもにアイヌの文化についてなのだが、文化を通じてアイヌの歴史に思いを馳せる道への入り口があちらこちらに開かれている。それでも、アイヌ史への関心や研究はあまり変わり映えしない。いや、昔に比べれば間口も奥行きも変わり、深まっている気はするのだが、私には根本的な問題があるようにみえる。それはアイヌ史のすべての面に影響するエミシ・エゾの残像、おそらく、多くの新しいものを取り入れて形成され変化をつづける日本文化をもつ日本人の、失われたはずだが残っていると信じたい、古くて純粋な存在に対する憧れである。それは、その日本人と変わらない現在のアイヌの人々自身にもあてはまる。

誰のアイヌ観か

〝アイヌの歴史と文化を考えるために、文献資料をもとに古代から現代までのエミシ・エゾ・アイヌ観について記した。〟そういうと、アイヌのことをどうみてきたのかという問題設定はアイヌを主人公としたアイヌ史なのか、という疑問をいだく読者がきっとあるだろう。しかし、アイヌ史はアイヌだけの歴史的営みで成り立つのではなく、アイヌが他者のアイヌ観にさらされ、それに対して闘ってきた歴史が含まれている。またアイヌが自分たちの理想としたり、反対に自己嫌悪したりする自分をみつめるアイヌ観もある。いっぽう他者は、自らのアイヌ観を自覚することなしに、アイヌ史を考えるわけにはいかない。このようにアイヌのことをどうみてきたかということは、アイヌ史とその研究とに密接なつながりがあると考えられる。そしてアイヌ観の前提には、エミシ・エゾ観がある。だから、古代から現代までエミシ・エゾ・アイヌ観を露わにしておかなければならない。

アイヌの歴史をアイヌ観から始めるという方法はじつは古い。しかし、それは無意識に行なわれてきたのであり、意識されたとたんに、あるべきアイヌ史とは異なるとみなされ、批判された。私はアイヌ史を考え、書く前提に、自分のアイヌ観を見極めたいと思う。

現代に生きる私たちのアイヌ観に基点を置きたいので、まずアイヌ史の現在について記したい。今、「私たち」と書いたが、「私たち」とは誰か。私はアイヌの一員ではないのだが、「私たち」にアイヌは含まれるのか。他者によるアイヌ観ならばアイヌは含まれず、アイヌと非アイヌの間に線を引くのか。ではアイヌとは誰、どういう人々のことなのか……。このように、無意識な言葉の使い方に民族のアイデンティティの問題が見え隠れする。ここでは誰であるかを問わないすべての人々のことである。

アイヌの現在

一八九九年の北海道旧土人保護法制定から一世紀後の一九九七年、通称アイヌ文化振興法（正式には「アイヌ文化の振興並びにアイヌの伝統等に関する知識の普及及び啓発に関する法律」）が制定・施行され、アイヌ文化やアイヌの人々をめぐる状況が画期的な段階になったことが〝アイヌの現在〟に大きな影響を与えている。北海道旧土人とはアイヌのことであり、旧土人保護法は戦後の日本でほぼ有名無実と化していたが、日本人であるアイヌの人々を他の日本人と区別して特別に「保護」する根拠であった。時代錯誤の響きを持つ旧土人保護法がまだあった当時、アイヌはそのために苦しんだが、その法律を知らない日本人は多かった。廃止されて一〇年を経た今、その法律が存在したことはだんだんと歴史のかなたに退いている。旧土人保護法は、国内に異民族として存在することを否定した法であったのに対し、アイヌ文化振興法は異文化を持つ人々の存在を認めている。そのため旧法の下では隠れていたアイヌという民族の存在が表に出てきて、活力あるアイヌ像が浮かんできている。

言うまでもないが、現在、「アイヌ民族」と書くパスポートや身分証明書の類はなく、国勢調査にも結びつかないので国や地方自治体による全国のアイヌ人口の統計はない。明治以降、ある人がアイヌであるかどうかは、具体的な行政の局面では、江戸時代以来の居住地や系譜によって認知されていたものと思われる。一九四一年まで毎年の戸口の統計はあり、一九二一年からの国勢調査の統計もあるが（『開拓使事業報告』『北海道庁統計書』『北海道年鑑』）、アイヌの人口はわかっていない。北海道は福祉行政上、一九七二年から六回の「ウタリ生活実態調査」を行なっており、二〇〇六年、北海道に居住しているアイヌの人口を二万三七八二人としている。ウタリとはアイヌのことである。この場合のアイヌの定義は、地域社会でアイヌの血を受け継いでいると思われる人、婚姻・養子縁組などによりそれらの人と同一の生計を営んでいる人というものである。道外に住むアイヌについての数字は、一九八八年に東京在住の人口推計二七〇〇人というのがある。この数字をどう思われるであろうか。

アイヌ文化振興法がアイヌを可視化している。しかし、アイヌ人口とされる数字はほとんど増えず（少子化のせいではないだろう）、見えるアイヌはあいかわらず氷山の一角にすぎない。この一〇年で見える部分も激変した。アイヌ文化振興法は、アイヌの伝統文化を公的に認知し称揚している。しかし、その伝統文化保持者はこの世を去り、アイヌ文化を変化させようとする新世代が目立ち、それに表面的に共感する日本社会もある。いわゆるグローバル化の波がアイヌをめぐる環境にも及んでいる。歴史はどうでもよくなっているのだろうか。

〝アイヌ〟の歴史、〝アイヌ〟の文化と一言でいうが、ひとつの民族集団として内部が均質であるというわけではない。〝日本人〟や〝日本〟についても、世界中のどの民族集団についてもそれはいいうる。しかし、ここでアイヌのなかの重層性・多様性に注意を促すのは、アイヌ史の理解のためにわかりやすさを求めると、均質なアイヌらしさを対和人という局面で描くことになってしまいがちだからである。

現在、アイヌ研究は盛んになっているが、かつては少数の専門家によって行なわれていたにすぎなかった。アイヌという民族についてもその研究も、将来性があるとは考えられておらず、そのため少数の研究者がその分野をほぼ独占する成果を占めていた。たとえば金田一京助はアイヌ叙事詩の研究で文化勲章を得たが、そもそも大学の言語学科で何語を専攻するかを選択するときに出遅れ、めぼしい対象はすでにほかの人にとられていて誰もやる人のいなかったアイヌ語を選ばざるをえず、その後しばらく恵まれない学究生活を送った。しかしアイヌ研究の分野は金田一を中心に進んでいった。現在では、専門家は少ないとはいえ、言語学をはじめ文化人類学・社会学・教育学・文学・芸術など多方面でアイヌ研究に接点のある研究が行なわれている。それと並行して、以前は好事家とみなされがちだったアイヌ文化に関心をもつ人々が広範に存在するようになってきた。あとで述べるように、それはアイヌ文化振興法の施行の影響でもある。そのような潮流のなかでアイヌ史はどうなっているのであろうか。

現在のアイヌ史

エミシやエゾはアイヌか。エミシやエゾは、大和文化圏に属する人々によって付けられた夷狄《いてき》としての名称であって、アイヌを指すとはいえないとされるようになっている。しかし、東北地方に〝アイヌ語地名〟が存在することが、あらたなエミシ＝アイヌ論を生み出している。さらにエゾ＝アイヌ論となると、古代史にとどまらず、中世から現代までの途上に点々と現れる問題となっている。近世には北海道のアイヌはエゾと呼ばれたが、逆にエゾすなわちアイヌといってよいのかどうかは、問題がある。それでも、エゾの後身としてのアイヌの歴史を考えようとする立場の研究は近年増加している。たとえば古代末期から中世のエゾは、財力を蓄えた奥州藤原氏や安東《あんどう》氏の交易相手として、また渡党《わたりとう》の出自をめぐって言及されている。エゾが海上を往来する交易民としてイメージされ、従来の日本史上では辺境とされてきた東北地方や北海道の日本海側といった地域に精彩を与えるだけでなく、環日本海というとらえかたで辺境の歴史を脱し、対岸の大陸を含んだ地域の歴史という空間的な広がりをもたされている。

日本社会にあったアイヌへの差別は、アイヌ研究にも反映していた。エゾの研究もアイヌを差別する視線のもとで行なわれていたが、それも過去のものとなった。アイヌの復権がなされつつある現在、かつてはより広い地域に住み、交易活動に勤しんでいたという、和人に征服される以前の歴史的アイヌ像がつくられ、無条件に「伝統的」アイヌ文化を自然と共生する理想的な文化であるとし、その担い手であるアイヌの過去としてエゾを考える傾向があるように思われる。

アイヌ史を書くとき、政策史や制度史になりやすいし、文章の主語がアイヌではなく、主人公であるはずのアイヌが受身の叙述になりやすい。かつては江戸時代のアイヌについては、客観的にどのような状況にあったかということが書けるくらいであった。しかし、現在のアイヌ史は、アイヌの側からの歴史的作用としてとらえる努力がされている。大陸との交易活動を重要視したり、場所請負制《ばしょうけおいせい》下の「場所」を和人《わじん》との共生の場（場所共同体）としてとらえる研究がそれである。私自身はまだ、その水準まで行くことができない。なぜなら、二項対立は古い考え方であるとしても、実際に蓄積されてきたアイヌと和人の関係史のうえに立たざるをえず、蝦夷観にまみれた資料を前にして蝦夷観に目をつぶれば、資料自体が見えなくなってしまうからである。近世以前の文献資料は和人によるもので、欧米人による少数の資料も含めて、極言すればすべて他者による蝦夷・アイヌ観の資料であり、近代以降のアイヌ自身による資料はアイヌの蝦夷・アイヌ観の資料である。蝦夷・アイヌ観を超えるという名目ではじめからそれ抜きにアイヌ史を考えることなどできないのではないだろうか。アイヌの立場に立つという安易な〝経験のなりかわり〟もできない相談なのである。

アイヌという名称

民族の名称となっているアイヌという言葉は、神に対する人間を意味するアイヌ語であり、そのことは近年よく知られている。また、歴史上のアイヌの闘う将であるコシャマイン、シャクシャインという名前の末尾は〝アイヌ〟であり、敬称として男性名に使われることもあった。文脈によってニュアンスが異なることがあるが、アイヌと呼ばれるのはれっきとした人間のことであり、〝人でなし〟はアイヌとはいえない。民族名になったのはふさわしい。明治期までの記録にはアイヌではなくアイノとあることが多い。ヌ、ノ、ンの差は、そこに発音のアクセントがないためと、和人の耳にいろいろに聞こえた記録にすぎないことによる。

江戸時代にはアイヌはエゾと呼ばれていたが、自分からエゾと名乗っていたのではない。自分たちのことはおそらくアウタリとかアヌタリ〈私たち〉と表現していただろう。民族名称としてアイヌを使うようになった人々の、自民族や自文化に対する意識は、近現代を通じて多様で、個人のなかでの変化も多くの人が経験している。一九九〇年代まで、アイヌという言葉は、差別に結びついてイメージされるため避けられることが多かった。一九六一年には社団法人北海道アイヌ協会が、社団法人北海道ウタリ協会と改称された。アイヌという名称を、アイヌ自身が避けてウタリといい、行政もそれを採用して公的用語として長く使われてきた。政治的な運動意識が強いという印象の組織では、七〇年代に入ってから旭川アイヌ協議会（一九七二年設立）、ヤイユーカラ・アイヌ民族学会（一九七三年設立）などアイヌという名称を前面に出すようになるが、関東ウタリ会（一九七二年設立）など仲間のつながりを求める心情のもとではウタリという名称のほうが好まれたようである。一九七三年と二〇〇一年に、北海道ウタリ協会でもアイヌという名称に戻す論議が出た。北海道が公的事業に使用する名称もウタリからアイヌに変化した。二〇〇八年五月、ウタリ協会は総会において、二〇〇九年四月一日から北海道アイヌ協会に名称を変更することを決定した。

アイヌモシリ

アイヌという名称の復権には、アイヌ語やアイヌ文化の認知が貢献している。アイヌ語やアイヌ文化は、それを使う人々の歴史から離れて一人歩きし、広く知られるようになって、アイヌという言葉への抵抗感を薄めていった。ウタリ語やウタリ文化とはいわなかったのである。

〝アイヌモシリ〟はアイヌ語であるが、ずっと使われつづけてきてよく知られている。アイヌモシリという言葉は、アイヌという語が避けられる風潮のなかでも、それゆえにこそ、アイヌの先住権を意識した〝先住民族アイヌの土地〟という意味合いで使われ、過激なアイヌ解放運動のキーワードにもなって、和人によってよく使われた。今では、政治性抜きのイメージで、原生の自然にあふれた幸福なアイヌの大地という意味で使われることが多い。知里幸恵《ちりゆきえ》『アイヌ神謡集』序文の文章がその聖典になっているが、アイヌモシリの主は先住民族のアイヌであるという含意は、どのような文脈で使われても共通している。アイヌモシリのもともとの意味は、カムイモシリ〈神の地〉に対する〈人間の地〉であるが、北海道の地に具現化しているのだから、容易に北海道の言いかえとなる。たんに北海道の古称のように使われることもあるのだが、そういう使い方になると、アイヌ語本来の意味が決定的に変化する。

アイヌ文化振興法は、先住権と切り離されている。そのため、この法でアイヌ伝統文化の普及を謳いながら、その実現にあたっては、自由な資源利用などにさまざまな法的規制の壁がある。アイヌ文化振興法にもとづく事業のひとつにイオル再生事業というのがあるのだが、この事業の審議のときに、先住権の問題がアイヌモシリという両義性のある発言で示唆されている。イオル再生事業の予算はアイヌのための「小さなアイヌモシリを作るための予算」、「占用的な領域」をもつことが「それこそアイヌモシリである」(「イオル再生等アイヌ文化伝承方策検討委員会〈第六回〉議事要旨」二〇〇六年三月三十一日)と発言されている。イオルについてはエピローグにとっておこう。

では、ここで記したアイヌに関する名称とアイヌ観・アイヌ文化観の歴史をさかのぼって、はじめることにしたい。

エミシ・エビス

エミシ

勇猛な者たち

「蝦夷」という字句を眼にしたとき、無意識には何と読むだろうか。エゾ？　エミシ？　あらためて考えてみてもどちらにも読めそうに思えるのではないだろうか。ふつうは、古代での場合はエミシと読むことにし、一二世紀ごろからのことの場合はエゾと読ませているようである。「古代のエミシ社会」という表現は歴史の書物などの記述にもよく見かける。しかし、エミシという言葉は古代には万葉仮名で書かれた唯一の例があるだけである。それは『日本書紀』神武天皇即位前紀戊午年十月条の歌謡「愛瀰詩烏　毗儾利　毛々那比苔　比苔破易倍廼毛　多牟伽毗毛勢儒」である。これは万葉仮名で「エミシヲ　ヒダリ　モモナヒト　ヒトハイヘドモ　タムカヒモセズ」という歌をあらわしている。八世紀の宮廷儀礼の場で久米舞《くめまい》が舞われていたが、この歌はそのときに歌われる久米（来目）歌と考えられている。神武天皇東征の途上、護衛隊である久米部《くめべ》が敵を討って「エミシだって！　エミシは一人で百人にあたると人は言うが、我々には敵じゃなかった」という意味で自分たちの強さを誇った歌である。エミシは一人で一〇〇人に匹敵するような武勇にすぐれた人々を指す言葉であった。そもそも久米部は大和《やまと》の出身で、大和王権下の軍事集団に編成された。この歌は遅くとも五世紀ごろまでにはできていた（土橋・一九七六）。この歌は強いエミシを平定する久米部の強さを誇っている。エミシやエゾの武勇を讃えることはそれを平定する側の強さを誇ることになるという構造である。

平安時代にも「一以当レ百」「一以当レ千」は蝦夷（エゾ）や夷俘《いふ》の勇猛さをあらわす常套句として使われた。たとえば『続日本紀』天応元年（七八一）六月戊子条には「伊佐西《いさせ》古《こ》、諸絞《もろくり》、八十島《やそしま》、乙代《おとしろ》等、賊中の首にして一をもちて千に当たる」、『藤原保則伝《ふじわらのやすのりでん》』には「一をもちて百に当たり、争鋒《そうほう》を与うこと難し」とある。これらは著者たちが『日本書紀』の表現を古典として用いたのであろう。中国でいう「一人当レ千」「一騎当レ千」と同じである。

愛瀰詩

エミシは愛瀰詩と書かれている。見た目に美しい字面で意味も悪くない。瀰は「はびこる」という意味があり、悪いものが蔓延することを示す場合があるがそれなら愛と詩とに矛盾する。水が一面に満ちるさまの意味もあるから、全体としてはよい意味であろう。今でも、好ましいものには好ましい意味の漢字を使う心情がある。漢字に呪的な効果さえみとめていた当時としては、「愛瀰詩」という表記は『日本書紀』編者のエミシ観が差別的なものでなかったことを示している。新村出は「愛瀰詩」の用字を面白いとし、いっそ「愛美詩」と書いてくれたらよかったのにと随筆に記している（新村・一九二八）。

来目歌が史実としては五世紀の大和王権の関東地方への進出にともなってできた歌だとするならば、エミシは関東地方の住民を指している。神武天皇と結びつける『日本書紀』の設定では、大和の忍坂《おしさか》での戦いのことであり、エミシは大和の住民のことになる。八世紀において、エミシという集団が東北地方の異俗の民であると考えられていたことにはなっていない。エミシは今は陸奥《むつ》に退いているが、かつてはより西方にいたという認識があった証もない。

現代のエミシ観へ

エミシは非常に特殊な言葉なのだが、それにしてはよく知られている言葉である。二〇〇二年は、『日本紀略』延暦二十一年（八〇二）八月十三日条にある「奥地の賊首《ぞくしゅ》」の「大墓公阿弖利為《あてるい》、盤具公母礼《もれ》」（某公という姓は地名と考えられるが読みは未詳）らの河内国杜山《もりやま》での処刑から一二〇〇年後にあたった。アテルイは延暦八年（七八九）の征夷大将軍坂上《さかのうえの》田村麻呂《たむらまろ》の率いる朝廷軍に大損害を与え、モレとともに同族を伴って降伏するまでの十数年にわたり、大和政権に抵抗して戦った。岩手県ではその出身地と目される胆沢《いさわ》地方、水沢《みずさわ》市を中心にアテルイ顕彰の催し物が相次いだ。アテルイは古代東北の英雄としてとりあげられ、その顕彰は地方の自立、地域の歴史の見直し、中央に追随しない文化の創造などの気運に沿ったものといえるらしい。アテルイを主人公とした演劇や、著名な作家の講演会などの催し物のさまざまなパンフレット、趣意書などに書かれている「蝦夷」を何と読ませるのか明らかではないが、エミシと仮名で書いてある場合もある。しかし、アテルイの名が記されている『続日本紀』『日本紀略』は「夷」としていて、読み方は書かれていない。これを何と読めばいいのだろうか。

『日本書紀』と『古事記』に「蝦夷（蝦蛦）」は計八〇ヵ所以上書かれているが、「エミシ」と読むことが明記された箇所はなく、ほかの読み方も書かれてはいない。エミシは八世紀において古歌のなかにみえる勇猛な集団であり、ただ大和王権がより東方に向かったときに出会う敵であった。『日本書紀』に蘇我蝦夷と表記されている有名な人物は、『日本書紀』より前の文献である『上宮《じょうぐう》聖徳《しょうとく》法王《ほうおう》帝説《ていせつ》』などでは「蘇我毛人」と書かれていた。今ふつうに「ソガのエミシ」といっているのは、エミシであった記憶がつづいているからなのだろうか。そこで、毛人とは何か、という問題が出てくる。毛人はエミシと読むのだろうか。それについてはもう少しあとでふれる。

　大和王権は、勢力拡張の過程で遭遇した武力集団をエミシと名づけ、東国へ勢力を進展させていったため、東方の強者はエミシであった。エミシは抵抗勢力であるが、結果として征服されないエミシはない。王権にとりこまれるからには、強者であればあるほど王権は高められる。エミシへの賛美はマジョリティの側によって巧妙に讃えられた意味づけである。

エビス

エビスの登場

記紀には「蝦夷」を何と読むべきか書かれていないが、八世紀前半の養老年間（七一七～七二三年）に『日本書紀』の講書が行なわれ、「蝦夷」を「衣比須《えびす》」と読んだ（『釈日本紀』「秘訓四」巻二三、「形名」。『神道大系　古典註釈編五　釈日本紀』一九八六年）。正史である『日本書紀』の講読が役所で行なわれ、読み方が講釈されているのである。養老五年（七二一）の下総国葛飾《かつしか》郡大嶋郷（現在の東京都葛飾区柴又のあたり）の戸籍には孔王部衣比須《あなほべのえびす》という人名がみえる（『大日本古文書』一）。平安期には『日本霊異記《にほんりょういき》』の訓釈で人名の「他田舎人《おさだのとねり》蝦夷」が「衣比須」とされた（下巻二二話）。字書類も『新撰字鏡《しんせんじきょう》』（一〇世紀初頭）は「蝦夷」を「衣比須」とし、『伊呂波字類抄《いろはじるいしょう》』（一二世紀)、『類聚名義抄《るいじゅみょうぎしょう》』(一二世紀後半)などにも、エミシはみえずエビスしか出てこない。すでにエビスという語が使われていた八世紀には、エミシという語は古語となっていたといえる。

人名のエミシ

奈良時代には「毛人」や「蝦夷」という名前の人がたくさんいた。阿部朝臣毛人、小野朝臣毛人、大伴宿禰《おおとものすくね》毛人、鴨君《かものきみ》蝦夷など、姓をみると有力者の一族であることがわかる人々もいる。女性も神服連《かむはとりのむらじ》毛人女《め》という名前が残っている。この名はエミシなのかエビスなのか、読み方がほとんどわからないのだが、蘇我蝦夷と同様に佐伯宿禰《さえきのすくね》今毛人《いまえみし》は今蝦夷とも書かれているので、人名の蝦夷と毛人は同じ読みであるらしい。人名は古い言葉を保存する傾向があるので、エミシという言葉が人名に生きていたかもしれない。九世紀までエミシあるいはエビスが大和の人名にも使われたのは、古典的な名称として人々の意識に残ったからである。毛人・蝦夷という人名は、六《りっ》国史《こくし》では『続日本後紀』以降にはみえず、平安時代の文書を集成した『平安遺文』にも現れてこない(明らかになっている未収文書についてのすべてについては確認できていないが)。九世紀半ば以降は、エミシまたはエビスということばを名前に使うことはすたれてしまったようだ。

エミシという名を持つ人がいても、実際には彼らはエミシではないので、エミシ自身がそう名乗ったことにはならない。エミシやエビス、さらにエゾという名称はその名称が集団名として使われていた時代に、対象となる人々自身によって名乗られたことはないのである。

エミシからエビスへの意味の変化

『狭衣物語《さごろも》』『堤中納言物語《つつみちゅうなごん》』『浜松中納言物語』『夜の寝覚《ねざめ》』などの平安期の物語文学には、「荒き夷」「奥のえびす」「荒えびす」「いみじき夷」などのエビスが、いずれも荒々しくて情趣など解さない者として使われている。このうち、たとえば『堤中納言物語』には「なまめかしう、心深げに聞こえつづけたまふことどもは、奥のえびすも思ひ知りぬべし」とある。古代、中世に詠まれた膨大な数の和歌にはエミシは一例も使われなかった。

物語より遅れて、一二世紀にはじめて、情緒のない心ない者という比喩で和歌にエビスが使われるようになった。斎院の統子《とうし》内親王（上西門院）に仕えた上西門院兵衛という女房が「長月の有明の空のけしきをば奥の夷も哀とや見む」（『久安六年百首』題秋、一一四九番、一一五〇年）と詠んでいるのがそれである。平安後期に「奥のえびす」は文学表現の一つの型となっていた。無骨で〝もののあはれ〟を解さない者を指すエビスは、当時の貴族の価値観であり、エミシからエビスへ変化してから起きた、平安時代的な意味の変化である。

武士を指すエビス

源頼政《よりまさ》は「おもへただ神にもあらぬ夷だに知るなるものをもののあはれは」（『承安二年〈一一七二〉十二月沙弥道因広田社歌合』）と詠んだが、そのとき歌合の判者藤原俊成《としなり》は「これは閭巷《りよこう》の郢曲《えいきよく》のなかに『夷だにもののあはれしるなり』と謡う歌の侍るなるべし。かれをひきて『神にもあらぬ夷だに』といへる歌の姿、いとをかしくきこえ侍るなり。但し、言すこし俗に近くや侍らむ」と評している。当時、民間の歌謡にもエビスは「もののあはれ」の引き合いに出されていたらしい。

エビスの例の多くが鎌倉時代になってからの武士を指すものなので、一般的には中世の用語と考えられている。しかし、エミシは初めから武力をもった集団を指していたのであり、貴族が東国武家政権をエビスと呼んだことは、都の朝廷に対峙する者への呼び名として歴史的な意味に沿っていた。都の貴族からみたエビスは、一段低い文化に属するとみなした者たちのことであったが、貴族が抱くイメージの限りにおいては実体とのかかわりよりは、表現の問題にすぎない。

エビスはエミシを受け継ぐ文学的な用語であって、中世の政治的な場では「夷（イ）」

「夷狄（イテキ）」などが使われた。貴族から自身をエビス呼ばわりされた東国政権は、朝鮮や蒙古をエビスと呼ぶようになる。エビスの名で征服すべき対象としての異民族視はずっとつづいていくのであり、それはエゾの一部ともなってゆく。武家政権も自らを華《か》とし、夷狄を支配することを理念としたのであり、のちに奥州北部の諸大名も松前藩主もそれぞれにエゾ支配を行なうのである。

毛人の表現

毛人はどこから

奈良時代の『古事記』『日本書紀』に毛人という表記はない。しかし当時の人名には使われているから、記紀が「毛人」を使わなかったのは、「蝦夷」に統一することに何らかの意義があったからと考えられる。「毛人」は中国の正史『宋書』東夷伝倭国条に記載されている倭王武《ぶ》の上表文に、

東は毛人を征すること五十五国、西に衆夷を服すること六十六国、渡りて海北を平ぐること九十五国。

とある。四七八年に倭王武（雄略天皇）は宋に遣使朝貢し、上表して王権の及ぶ範囲をこのように表現し、中国の冊封体制の一員となった。毛人は東方の住人とされている。中国

の文献ではこれ以前には『山海経《せんがいきょう》』に見える「毛民」があった（図1）。『山海経』は漢代に編纂されたと考えられる中国古代の地理書で、その「海外東経」という部に「毛民の国はその北に在り、人となり身に毛を生ず」、「大荒北経」に「毛民の国有り」、また漢代の『淮南子《えなんじ》』にも「東北方に毛民有り」とある。『山海経』は胸に穴のあいた人間の国などがあるとする荒唐無稽な内容であるが、これ以外に「毛人」ないし「毛民」の例は不明である。『宋書』の倭国の上表文は倭国の作成なのかどうか確信はもてないが、上表文が「毛民」ではなく「毛人」となっているのは、倭国が中国に朝貢しながらも、倭国版の中華思想として中国と相似形に独自の国土観を語るための言い換えではないかと考えられる。

図1　『山海経』の「毛民」
（『山海経広注』付図，康熙6年〈1667〉刊）

『山海経』にもとづく倭国的な東方観の表現が、エミシという日本語と毛人という漢字表記との結びつきであろう。その毛人を八世紀の記紀が書かないのは、毛人が当時としての古典的表現にすぎず、蝦夷と書くことに当時の意義があったからではないだろうか。

古代の文学と毛人

「毛人」は記紀には書かれなかったが、さまざまな文献に書かれている。『日本書紀』は蝦夷の首長を「魁帥」と表現したが（敏達天皇十年閏二月条）、平安時代の注釈には「魁帥者、大毛人也」とある。弘仁六年（八一五）、空海《くうかい》は、陸奥国司《むつこくし》となって赴任する小野岑守《おののみねもり》に漢詩文を贈った。陸奥の状況を表現するなかに「戎狄《いてき》」はあるが「蝦夷」はなく、「毛人」が書かれている。

老鴉《ろうあ》の目、猪鹿の裘《かわごろも》。髻《もとどり》の中には骨の毒箭《どくや》を挿み著け、手の上にはつねに刀と矛とを執る。田つくらず、衣おらず、麋鹿《びろく》を逐《お》う。（『性霊集《しょうりょうしゅう》』「野陸州に贈る歌」）

という古典的な夷狄の表現となっている。

追善供養の際に、お経を唱える功徳《くどく》を説いて誦経を請う諷誦文《ふじゅもん》のなかには、如来《にょらい》は唐やペルシャなどどこの国の人にもそこの言葉で教えを聞かせるのであり、たとえ「毛人の方言」でも、と書かれている（『東大寺諷誦文稿』）。

仏教説話集『日本霊異記』では、「賊地に毛人を打ちに遣わさる」という用例がある（下巻第七話「観音の木像の助を被りて、王難を脱るる縁」）。これは主人公が征夷のための兵士として陸奥国に派遣されることをいっている。

九世紀前半ごろの文献にみえるこれらの毛人は、陸奥国の住民を指しているが、中国的な表現である。後述する蝦夷の性質についての表現は、空海の詩文が古典となっているようである。

　八世紀末、正史である『続日本紀』編纂が完了したときの上奏文には、「遂に使し仁を渤海《ぼっかい》の北に被り、貊種《ばくしゅ》帰心し、威を日河の東に振り、毛狄屏息す」とある（『日本後紀』延暦十六年二月己巳条）。「毛狄」は、後述の蝦夷と北狄とを合わせた「蝦狄」と同じ表現である。上奏文は当時の最高の文筆家である文章博士《もんじょうはかせ》が起草したと思われる。「蝦」ではなく「毛」のほうを使用しているのは、そのほうが古典的な上奏文らしい表現であるからだろう。毛人は漢文ではモウ（呉音ではボウ）ジンと読み、和文ではエビス（古形ではエミシ）と読んだと思われる。

図２　『山海経』の「羽民」
（『山海経広注』付図，康熙６年〈1667〉刊）

　なお、「野陸州に贈る歌」に「毛人羽人境界に接す」とあり、「羽人」が出てくる。「伴按察平章事（大伴宿禰国道）が陸府に赴くに贈る詩」（天長五年〈八二八〉）にも「毛夷の蟻の陣は一把の草、羽狄の犲《さい》（やまいぬ）の営は半掬の塵」という対句がある。羽人は出羽《でわ》、毛人は陸奥《むつ》という対比になっているが、『山海経』の「海外南経」には羽民（図2）というのもある。

令の注釈の毛人

日本の令《りょう》は唐令をもとにしている。部分的に日本の実情に合わせて改変し制定されたが、実情に合わないところも多い。条文に毛人や蝦夷という語はなく、条文に規定されているのは「外蕃」であった。そのため、毛人や蝦夷が外蕃に含まれるのかどうか、法制上の位置づけが当時の法律家によって問題とされ、令の注釈を集成した『令集解《りょうのしゅうげ》』にそのことが書かれている。天平年間（七一九～七四九年）に作成された注釈書である「古記《こき》」は、「夷人」の具体例に、肥人、阿麻弥人と一緒に毛人をあげている（賦役令辺遠国条）。また「古記」は、「毛人隼人」は蕃とはいえないが復（労役免除）の規定は外蕃と同じだというし、「外蕃之人」に毛人が含まれるとしている（同令没落外蕃条）。また「境外消息」と「毛人消息」も同じという（公式令国有大瑞条）。

戸令《こりょう》では、妻側から離婚できる条件のひとつに、夫が「外蕃に没落」した場合があるが（結婚条）、「外蕃に没落」するとはどういうことかについて、「穴説」と書かれる注釈書が「毛人に抄略される」をあげている。「朱説」という注釈書は、戦士として戦争で「外蕃に没落」する例に「毛人を征するために乗船し、蕃国に没す」をあげる（田令王事条)。外蕃に毛人が含まれるかどうかは解釈が微妙であるが、諸注釈家は外蕃や境外の存在について毛人という語を使用している。

中国の関心

『旧唐書《くとうじょ》』東夷伝倭国日本条には倭人が言ったこととして「其国界は東西南北数千里、西界南界はことごとく大海に至る。東界北界は大山有りて限りとなす、山外は即ち毛人の国なり」と記されている。この『旧唐書』には「蝦夷」が書かれていない。ところが、『宋史』日本伝になると「国の東境は海島に接し、夷人居す所なり、身面背に毛有り」とある。『宋史』の記述は東大寺学僧奝然《ちょうねん》が入宋中(九八三年入宋)に提供した情報であるという。ここで問題が生じる。『宋史』に至るまでには、唐代の『通典《つてん》』が「蝦夷国は海島中の小国なり」(巻一八五、辺防、蝦夷条)、『唐会要』が「蝦夷国は海島中の小国なり」(巻一〇〇、蝦夷国条)、『新唐書』が「蝦蛦もまた海島中に居す」(巻二二〇、東夷伝、日本条)と記するように、「海島」にいるのは蝦夷であり、毛人の国は大山の外であった。また、蝦夷はヒゲが長いとは記されているが(『通典』其使の鬚は長さ四尺、『新唐書』其使者の髭は長さ四尺許《ばかり》)、多毛だとは書かれず、「身面背毛有り」という描写は蝦夷ではなく毛人のものであった。つまり『宋史』の「夷人」はそれまでの史書の蝦夷と毛人が混同されたものであるが、名称は「夷人」であって蝦夷でも毛人でもない。

それから一〇〇年近く経った延久四年（一〇七二）、延暦寺の阿闍梨《あじゃり》成尋《じょうじん》が宋に行った。そのときの皇帝とのやりとりは「（皇帝）問う。本国は毛国を去ること近きや遠きや。答う。毛国を去ること近きか遠きか知らず」（『参天台五台山記』延久四年十月十五日条）と記されている。一一世紀後半には日本の知識人の間に「毛人の国」という表現は忘れられていた（小口・一九八九）。中国では『宋書』倭王武の上表文、『旧唐書』日本伝などの毛人国の知識があったが、当時の日本ではエゾという名称がふつうに使われている状況において、毛人・毛国という表現がエゾと結びついていなかったのである。藤原佐理《さり》の子である成尋の蝦夷認識は「東夷《とうい》」であり、それが今は征服されて「俘囚《ふしゅう》」となっているというもので、宋の皇帝が下問した「毛国」については知らなかった（石上・一九八七）。応永七年（一四〇〇）に書かれた中国の使人趙秩《ちょうちつ》の文章（『雲門一曲《うんもんいっきょく》』所収）に「関東に入るは千万里の程有り、蝦夷毛人穴する所と曰う」「毛人を諭すに余輩を遣わす」とある（村井・一九七九）。「毛人」は幕府を指しているらしいが、また王（後光厳《ごこうごん》上皇のこと）の言として「日本毛人一体なり」があり、「日本」は朝廷を指す。

蝦夷と粛慎、靺鞨

蝦　夷

中国史書の蝦夷

「蝦夷」という表現は、「毛人」も「粛慎」（後述）も中国の名称を使用していることを考えると、中国での用法をそのまま輸入した可能性が高い。中国史書の蝦夷は『通典《つてん》』の辺防典にはじめて現れる。この蝦夷国伝は倭伝とは別に立てられている。

蝦夷国は海島中の小国也。其使の鬢《びん》、長さ四尺、尤も弓を善くし、矢は首に挿し人をしてこれを戴き立たしめ、四十歩にしてこれを射るも中《あた》らずてへり。大唐の顕慶四年十月、倭国の使人に随い入朝す。

『新唐書』では東夷伝日本条に、

未だ幾《いくば》くならずして孝徳死し其子天豊財立ちて死し、子の天智立つ。明年使者蝦蛦人偕《とも》に朝す。蝦蛦亦《また》海島中に居《こ》す。其使者髭の長さ四尺許、箭《や》を首にさしはさみ人をして瓠《ひさご》を戴きて立たしめ、数十歩にして射る。中《あた》らざることなし。

と記されている。

『旧唐書』には前に記したように毛人が書かれているが蝦夷のことは書かれていない。

『通典』に入朝したとみえる顕慶四年は日本の斉明《さいめい》天皇五年（六五九）にあたり、『日本書紀』にはその年に遣唐使節が蝦夷をつれていったことが記されている。

小錦下《しょうきんげ》坂合部《さかいべ》連《のむらじ》石布《いわしき》・大仙下津守《つもり》連《のむらじ》吉祥《きさ》を遣わし、唐国に使いせしむ。仍《より》て道奥の蝦夷男女二人を以て唐天子に示す。（伊吉《いき》連《のむらじ》博徳《はかとこ》書《のしょ》に曰く、〈中略〉天子問いて曰く、此等の蝦夷国何方に有りやと。使人謹みて答う、国は東北に有りと。天子問いて曰く、蝦夷は幾種ぞやと、使人謹みて答う、類三種有り、遠きは都加留《つかる》と名づけ、次は麁蝦夷《あらえびす》と名づけ、近きは熟蝦夷《にぎえびす》と名づく。今此れは熟蝦夷なり。毎歳、本国之朝に入貢すと。天子問いて曰く、其国に五穀有りやと。使人謹みて答う、無し。肉を食い存活すと。天子問いて曰く、国に屋舎有りやと、使人謹みて答う、無し。深山の中、樹の本に止住すと。天子重ねて曰く、朕蝦夷の身面の異なるを見て、理を極め喜び怪しむ。〈中略〉難波《なにわの》吉士《きし》男人《おひと》の書に曰く、大唐に向いし大使、嶋に触《つ》きて覆る。副使親しく天子に覲して蝦夷を示し奉る。是《ここ》に、蝦夷、白鹿皮一、弓三、箭八十を以て天子に献ず）。（秋七月丙子朔戊寅条）

『通典』と『新唐書』では記事の内容は同じであるが『新唐書』に書かれている天智天皇の即位の翌年の日本からの遣唐使節と蝦夷の使節の日本側の記録はない。中国史書の蝦夷の地理に関する記事は、日本の使者からの情報なのだろうか。『通典』と『新唐書』は蝦夷国または蝦夷の所在を「海島中」とするが、これは中国側が倭は海島中にあるという古来からの倭伝の記述から類推したと考えることもできる。

『日本書紀』が「蝦夷」を採用した理由

『通典』は、蝦夷は「倭国の使人に随い入朝した」とし、「随」には服従という意味はない。『新唐書』は、日本の使者と「ともに」蝦蛦の使者が来たという。しかし日本側の史料は日本が小中華帝国ぶりを中国にみせるという意味の「示蝦夷」としている。日本にとっては中国に朝貢に来ている「蝦夷」の名称を取り入れることに意味があったのである。

のちのアイヌという名称につながることばとして、自称か他称にカイとかカイヌがあって、中国で始まった表記を日本でも取り入れたとすれば（菊池・一九八九）、日本で、『日本書紀』の「蝦夷」をカイと音読した可能性も十分ある。しかし、たとえ日本においてカイという名称が知られていたとしても、それがつづいて用いられずに「蝦夷」はエゾとなったことから、日本でカイという名称が実体のアイヌを指して使われたとは考えられない。日本でエミシと呼んでいた人々は中国の認識の「蝦夷」に近い風俗（弓術に優れ、非農耕であるなど）であり、地理的な方角も同方向であったので、エミシに「蝦夷」を用いるようになった。『日本書紀』の編者は蝦夷に表記を統一したので、蘇我毛人が蘇我蝦夷と書かれることにもなった。蝦夷という言葉ははじめから古代国家の中華意識の表れであったとはいえる。しかし、前に記したように八世紀においては蝦夷と書くことが身分的な蔑視と結びついていないのは当然であった。

粛　慎

粛慎とは

粛慎《しゅくしん》は『日本書紀』で蝦夷とは区別されている東方もしくは北方の集団である。中国の古典に東北の辺境に住むとされていた民族であり（『魏志』東夷伝）、邑婁《ゆうろう》、勿吉《もつきつ》、靺鞨《まつかつ》とつづく同系の民族は、古《いにしえ》の粛慎と考えられていた（『隋書』東夷伝靺鞨条、『通典』邑婁伝など）。『日本書紀』が中国史書の伝説上の民族名「粛慎」を採用したことは蝦夷観と関連する。二〇世紀前半の古代史学者津田左右吉は、中国の粛慎記事を子細に検討して、東北方にあたる極遠の夷族で古の聖代に服属朝貢したという説話のある粛慎の名は、やはり東北の果てで辺境の蝦夷とは海上交通で到達する、地理的に隔離している極遠の夷族で新たに服属したものである渡島の部落を呼ぶにあたって仮借《かしゃ》擬用するには、最も適切なものであったと述べた（津田・一九五〇）。

幻術を行なう人々

粛慎については、まず佐渡の伝説が『日本書紀』に記されている。

越国《こしのくに》言う「佐渡嶋の北、御名部《みなべ》の碕岸《きがん》に粛慎人有り。一船舶に乗りて淹留《えんりゅう》す。春夏は魚を捕え食に充《あ》つ。彼嶋の人、人にあらずと言う也。また鬼魅《きみ》と言い、敢えてこれに近づかず（中略）是において粛慎人、瀬波河浦《せなかわのうら》に移りゆく。浦神厳忌にして人敢えて近づかず。渇きて其水を飲み、死者半ばになんなんとす。骨、巌岫《がんしゅう》に積む。俗、粛慎隈《くま》と呼ぶ也」と（『日本書紀』欽明天皇五年〈五五一〉十二月条）。

もとになった情報は、崎の岩の穴に骨が積んである遺跡についての土地の伝説であろう。この記事はいつの出来事か語られていないが、なぜ欽明天皇五年条にはめこまれているのだろうか。それについて津田は「深い意味のない書紀の編者の思ひつきに過ぎなからう」（津田・一九五〇・二八八頁）としているが、そうだろうか。上記に（中略）とした部分はこうだ。

島の東の禹武邑《うむむら》の人、椎子《しいのみ》を採り拾いて熟《に》て喫《く》わんと欲す。灰の裏《うち》に着けて炮《い》る。其の皮甲、二の人に化成して、火上に飛騰《ひとう》すること一尺余許《ばか》り。時を経て相闘う。邑人深く異《あや》しと以為《おもえ》らく、庭に取置く。亦前《またさき》の如く飛びて、相闘うこと已《や》まず。有る人占いて云、「是《この》邑人、必ず魅鬼《みき》の為に迷惑されむ」。久しからずして言いし如く、其れに抄掠《しようりやく》せらる。

この幻術のような現象が、「魅鬼」といわれる異人と結び付けられ、粛慎人とされている。書紀編纂時には奇術や曲芸などが朝鮮の芸能として知られていた。高麗の鞍作得志《くらつくりのとくし》は枯山を青山に変え、黄土を白水に変じるなど奇術を極め尽くしたとある（皇極天皇四年〈六四五〉四月戊戌条）。

朝鮮との関連性

粛慎と朝鮮の関連を思わせる記事はほかにもある。斉明天皇四年（六五八）是歳条には「越国守阿倍引田臣《あべのひきたのおみ》比羅夫《ひらふ》、粛慎を討つ。生羆《ひぐま》二、羆皮七十枚を献ず」とあり、斉明紀五年（六五九）是歳条には、「高麗の使人が羆の皮一枚を持って、其の価を綿（絹綿。真綿の一種）六〇斤と言った。市司《いちのつかさ》は笑って行ってしまった。高麗画師子麻呂が高麗の使人を私宅でもてなしたとき、官の七〇枚の羆皮を借りて客の席にした。客たちは恥ずかしいやら驚くやらして帰った」という記事を載せる。この二つの七〇枚の羆皮の記事は本来ひとつづきであった可能性がある（熊谷・一九八六）。

「粛慎」を用いた理由についてさらに考えられるヒントは、天武紀五年十一月是月条に「粛慎七人が新羅使清平等に伴って来た」という記事にある。津田はこの記事が「是月」

として本文の補遺のかたちで書かれているのは清平の来朝記事（十一月丁卯条）にはもと粛慎のことはなかったことを示し、翌年の清平上京、帰国の記事にも見えないので事実とは認められず、「この記事は、粛慎が遠夷であるといふ考から、偶々《たまたま》同時の記録に見えた新羅使の来朝に其れを結びつけて作つたものに違ひない」（津田前掲・一七四頁）とした。しかし、「たまたま」ではなく、書紀編者は中国史書の粛慎の故地を朝鮮半島の北方、沿海州あるいは満洲方面に想定していたのであった（杉山・一九七九）。遠方の蝦夷を粛慎に結びつけたのは、羆かもしれない。羆を通じてエゾの北方と朝鮮の北方が連想されたのではないだろうか。後には、粛慎の後裔と目される渤海の使が羆皮をもってくるようになる。

一二世紀前半、『今昔物語』には「胡国ト云フ所ハ、唐ヨリモ遥ノ北ト聞ツルニ、陸奥ノ国ノ奥ニ有夷《あるえびす》ノ地ニ差合《さしあい》タルニヤアラム」（巻三一、第一一）と書かれた。夷より遠方にある胡国の存在が現地の交流活動にもとづいて知られるようになったのであろうか。そうではなく、中国の北方と陸奥の北方がつながっているかもしれないことは文献の知識だけでも到達する考えである。エゾがいる地の地理認識は実際の見聞から得た知識とは無関係にもありうる。

粛慎の意義

『日本書紀』には「又、阿倍引田臣（欠名）夷五十余を献ず。又石上池《いそのかみのいけ》の辺に須弥山《しゆみせん》を作る。高きこと廟塔の如し。以て粛慎四十七人に饗す」（斉明天皇六年〈六六〇〉五月是月条）という記事もある。ここの「夷」と「粛慎」は同一の者たちと解釈できる。七世紀の終わり、越度嶋《こしのわたりじま》蝦夷伊奈理武志《いなりむし》と粛慎志良守叡草《しらすえそう》が錦の衣服や斧などを賜わった（持統天皇十年〈六九六〉三月甲寅条）。この粛慎のシラスは『続日本紀』宝亀十一年（七八〇）八月乙卯条に「出羽国鎮狄《ちんてき》将軍安倍朝臣家麻呂等言。狄志良須俘囚宇奈古《ふしゆううなこ》等」とある「志良須」と同じ言葉とみなすのが自然である。だとすれば、シラスが地名（あるいは地名から出た族名）であっても個人名であっても、粛慎は狄すなわち北方の蝦夷の別名であったといえる。

粛慎という名称を使った意義は、津田の考えにとどまらず、関口明は「朝廷が小帝国であるとする主張は政治的・イデオロギー的概念としての蝦夷を配置するだけでは不十分で、その外縁に異民族粛慎をおくことによってはじめて可能となる」（関口・一九九二・五九頁）と明確にした。阿倍臣の粛慎征討の記事は『日本書紀』に六五九年「阿倍引田臣比羅夫、粛慎と戦いて帰る。虜四十九人を献ず」（斉明天皇五年三月或本云、前記の四年条ともとは同じ出典）ともある。六六〇年には大河の河口に宿営する渡嶋蝦夷が自分たちは粛慎によって殺されようとしていると訴えている（斉明天皇六年三月条）。服属した蝦夷に敵対する、より外側の夷狄は征討しなければならないのであり、それにつけた名は粛慎なのである。

『続日本紀』以降に、蝦夷のほかに「蝦狄」という語が使用される。「越後蝦狄」とあるのがはじめてである（文武元年十二月庚辰条）。『日本書紀』は東方の陸奥の蝦夷と北方の粛慎を区別して書いているが、『続日本紀』以降は「蝦狄」が蝦夷とそれ以外の「異類」とその後裔集団とを包含する用語として使用されるようになる（熊田・一九八六）。「蝦狄」の読みはカテキであると考えるのが自然であり、そのことから、蝦夷をカイと読むことがあったのでそういう造語が可能となったと考えられるが、意味はエゾなのである。

中央貴族層は、中国文献から入手した粛慎像を、北辺に出没する類似の文化をもつものにあてはめたのだと考えられる。粛慎は中国の古典上に、聖天子が出現すると来賀するとされている。須弥山のもとで饗宴を行なったという儀式もそれに関連するだろう。粛慎は当時存在しない民族名なのであるから、粛慎という名を使ったことの意味は、蝦夷観のひとつなのである。

粛慎羽

延喜十四年（九一四）、『藤原保則伝』の作者でもある三善清行《みよしきよゆき》は醍醐天皇の求めに応じて政治への意見書「意見十二箇条」を書いた。「我朝家は神明の伝統なり。（中略）故に東は粛慎を平らげ、北は高麗を降し、西は新羅を虜にし、南は呉会（呉郡と会稽郡）を臣とす」とみえる。文飾として粛慎が東に割り振られているにすぎないが、一〇世紀になっても文人に粛慎観は生きていた。その後、儀式で武官が身に負う装備として「粛慎羽《しゆくしんう》」が『西宮記《さいきゆうき》』臨時四や『小右記《しようゆうき》』寛仁三年（一〇一九）七月二十五日条の相撲節会、鳥羽即位大嘗会（『大日本史料』三の一〇〈一一〇八年〉、『愚昧記《ぐまいき》』仁安三年〈一一六八〉六月日条）にみえる。これらの粛慎羽とは鷹の羽のことである。平安時代、矢羽に使う鷲鷹の羽は北方の名産であった。蝦夷の地、その延長線上にある大陸の粛慎といった認識ということになるだろうか。粛慎はもともと中国の古典においては弓矢の作製に秀でた人々であった（『国語』）。

奥州藤原氏

光輝く中尊寺金色堂は、奥州藤原氏の栄華を極めた象徴として有名である。金色堂には藤原氏四代の遺体がミイラとなって眠っている。みちのくの金や馬、高価な羽や毛皮などの産物を支配する奥州藤原氏といえば蝦夷の王者、その出自がアイヌではなかったかという関心は、一九五〇年のミイラの人類学的調査の結果からは否定的な方向に向った。初代藤原清衡《きよひら》の母方は奥州の豪族安倍氏、父方は都の貴族である藤原氏の一族であることが歴史学からはわかっている。アイヌとは無関係であるが、それでも藤原氏には「蝦夷の血を引く」という枕詞がついて語られることが多く、それによってアイヌとの関連がイメージとなる。エゾの実体が何であるかとは関係なく、北方の豊かな交易品のイメージがアイヌの歴史の復権のイメージと重ねられている。

清衡は中尊寺の落慶法要当日に施主として願文《がんもん》を読み上げたが、その文章のなかに自らを「東夷之遠酋《えんしゅう》」「俘囚之上頭」と称し、奥羽の地を「蛮陬《ばんすう》夷落《いらく》」と表現している。

中尊寺供養願文

中尊寺建立供養願文は天治三年（一一二六）に作成され、そのなかにも粛慎という語が使われている。この願文の作者は平安後期の儒者で、当代きっての文筆家藤原敦光《あつみつ》である。一般的に当時の文人の著作には夷狄に関する中国的表現がみられるが、とくに敦光の父明衡《あきひら》は『陸奥話記《むつわき》』の作者であり、その情報源は陸奥守で鎮守府将軍の源《みなもとの》頼義《よりよし》であった、という環境にあった。『陸奥話記』は、安倍氏は「東夷の酋長《しゅうちょう》」、清原氏は「出羽山北の俘囚主」という。敦光の教養や知識にもとづいた文辞は文飾がはなはだしく、ストレートに意味をとるのがむずかしくなってしまっている（亀田・一九六五）。

願文のなかで、清衡は寺の建立を鎮護国家のためとし、その理由について卑下してこう表現する。自分は東夷の遠くのかしらでありながら聖代に生きたので、蛮地の夷の村々には事件も少なく、祖先を継いでまちがって俘囚の上頭の地位に着いたが、出羽・陸奥の土俗は風に従う草のように、粛慎悒婁の海蛮は太陽に向かう葵に類していて、何もせずに休んでいる三十余年のあいだ、年貢の義務は過ちがなく、羽毛歯革の貢物は都に届く時期が違うことはなかったのであると。「粛慎・悒婁の海蛮」は海上から交易に来る北方のエゾについての文飾である。

清衡はこの願文を依頼するときにその使用目的・趣意を伝え、それを基礎として敦光が起草したと考えられるから、京都の学者の奥羽感であるとともに、清衡の思想との合作ともみられ、文中に自ら奥羽人の奥羽人観・奥羽感を記した最初の文書である（森・一九五六）。院政期の王土思想との関連で考えれば、平泉藤原氏が自立的な王権を指向していたのではなく都の院政権を中央とする王土の東隅を守護する役目を自任していたことを示すのが、「東夷之遠酋」などの文言であるといえる。東夷は聖王を寿ぐ役割をもち、貴重な貢物を齎《もたら》すという古典の表現が応用されている。

靺鞨

靺鞨という人名

八世紀に、根連《ねのむらじ》靺鞨、山背連《やましろのむらじ》靺鞨、若湯坐《わかゆえ》靺鞨、江野《えぬ》靺鞨などという名の人々がいた。これらの靺鞨がアシハセと読まれていたことは、若湯坐靺鞨が阿志波世また阿志婆世とも書かれていることによって明らかである（『大日本古文書』一一―一二五、三五八、四五一、二四―一八一頁）。エミシを毛人と表記したように、アシハセという音に靺鞨という字をあてはめたのである。

靺鞨は粛慎や挹婁《ゆうろう》の後身とみなされ、六世紀後半に名称が出現するツングース民族であり、内部にいくつかの集団がある。六九八年に建国して渤海《ぼっかい》となる。しかし、『日本書紀』には靺鞨という語は存在しない。『日本書紀』の成立当時に粛慎を何と読んだかは不明であるが、平安時代にはミシハセと読むようになった。アとミの変化は、漢字から発明されたカタカナのアとミの字形の相似によって誤読されたと考えられる。アシハセの語義はいくつかの説があるが不明である。エミシのように古い日本語であったのだろう。靺鞨という表記で人名に使われたのは、一時的な流行だったのだろうか。八世紀には靺鞨の大部分は渤海の支配下に入ってしまい、日本は渤海国とは現実に交渉があったために靺鞨という表現は消えた。「靺鞨」は一部の古典以外には死語となり、アシハセという言葉の記憶はうすれ、人名としてのアシハセも見えなくなり、ミシハセという誤読が通用してしまうのである。

八世紀に見える人名アシハセには粛慎が使われず靺鞨と書かれているので、『日本書紀』が粛慎と書くのは、毛人を使わずに蝦夷で統一した場合と同様に、そうする意図があったことを示しているだろう。

靺鞨国

靺鞨（マツカツ）は、『続日本紀』養老四年（七二〇）正月丙子条に「渡島津軽津司従七位上諸君鞍男等六人を靺鞨国に遣わしその風俗を観しむ」とあり、『続日本紀』ではこれのみである。天平宝字元年（七五七）、陸奥国の政庁である多賀城《たがじょう》の碑文に「去蝦夷国界百廿里、去靺鞨国界三千里」と刻まれたが、この碑文の「蝦夷」「靺鞨」の語句は、現実には存在しなくても伝統的な北方支配の国土地理観としてそれらの語に意味があったことを示す。粛慎の後裔という古典からの認識であった。「北方の蝦夷」の言い換えが、中国の古典にもとづく表現である以上、その性格も中国の古典の粛慎・靺鞨像にもとづいている。

古代のエゾ

エゾの成り立ち

エンチウ

エミシ、エゾはアイヌであったか、エミシやエゾはアイヌ語か。この質問は古代の東北史にいつもついてくる。自ら名乗った名称かどうかにかかわらず、とにかくエミシという名称がアイヌ語だったら、エミシがアイヌであった可能性はある。一九二三年（大正十二）、金田一京助は、エミシもエゾもアイヌ語enciw（エンチウ）が語源ではないかとした。金田一は「エミシが訛ってエゾとなった」というそれまでの説を、変化の途中の形と考えられるエミズ、エンズなどの形がみられないということで退けた。そして、樺太《からふと》アイヌ語に雅語《がご》（口承文芸などに使用される格調高い古典語）として見られる「人」の意味のエンチウが語源であると考えたのである。エミシとエゾの関係は、エミシが平安末期から鎌倉初頭へかけてエビスとなって普遍的に野蛮人・未開人の意味となったので、アイヌを指すためにあらたにエンジウ（エンチウが変化した言葉）からエゾの称呼が生み出されたとした。金田一は、近世の奥州の蝦夷の人名がアイヌ語で解釈できることから、彼らはアイヌであったから奥州の蝦夷はアイヌであるという前提の下に、エミシとエゾの語源をアイヌ語に求めたのであった。エミシはアイヌか否かという問題の解決に向けての一つの傍証としての「言葉の上の事実」という、言語学からの説は、エゾ＝アイヌ説の有力な論拠となり、歴史学界のエミシ＝アイヌ論者に歓迎され、金田一はその後も一貫してこの説をとった（『金田一京助全集』六巻、一二巻所収の諸論考）。

現在では、エミシがアイヌ語であるという説は否定されているが、エゾがアイヌ語から来た言葉であるというほうは定説となっている。しかし、エンチウという言葉は樺太で使われていたが、北海道では使われた痕跡さえみいだされていない。北海道を飛び越えて本州でアイヌ語のエンチウがエゾとして大和政権の人々に採用される経緯を説明するのはむずかしい。

ところで、エミシもエゾも大和の文献にある名称でしか知られない。自ら名乗った証拠はなく、他人がそう呼んだ「他称」である。エゾアイヌ語説では、大和政権側が初めからエゾの言葉で「人間」という言葉を他称に採用したことになるが、それは多くの民族の他称の例とは異なっている。

アイヌ語の地名

金田一はまた、『北奥地名考』などで、東北地方にアイヌ語地名があることを明らかにした。このことは山田秀三によって実証的に研究が進められ確実なものとなった（山田・一九八二〜八三）。金田一は「内地のアイヌ語地名について」において、「東北にペッ・ナイのつく地名を、かほどに多く残した民族は、アイヌ以外に、絶対にあり得ない」「蝦夷非アイヌ説は、東北日本のアイヌ語地名の研究によって消え去ってしまうべき考え」とした。それは一九五五年一月八日の講書始めで進講されたものである。東北地方のアイヌ語地名を根拠にした蝦夷＝アイヌ説の主唱者であったことは、アイヌ史研究上に重要な位置を占める。

東北地方のアイヌ語地名の存在は、歴史学においても蝦夷がアイヌであったことの証明であると考えられている（今泉・一九九二）。現在のアイヌ語学の概説においても、かつては東北地方北部でアイヌ語が話されていたと説明されている（『言語学大辞典』アイヌ語の項目、三省堂・一九八八、等）が、その詳細については触れられていない。この問題についてはあらためて考えなければならないが、東北地方にアイヌ語で解釈できる地名があることは事実であるものの、そのことと、エミシやエゾがアイヌ語を話していた人々、すなわちアイヌであるといえるということには、距離がある。本州東北地方のアイヌ語については地名とわずかな人名しか資料はないが、言語学的なアプローチが必要である。金田一が前提とした近世の本州のアイヌについては、北海道の対岸である本州最北部の歴史的事象として考察する必要がある。古代に見られるエゾという言葉の語源を古代の東北地方のアイヌ語に求めることはできていない。

エゾの語源

エミシは古代の日本語だとしかいえない。エゾの語源の解釈についてもいくつかの説があるが、こじつけになりやすい。といいながら試みるのはどうかとも思うが、エゾという名称が〝アイヌ〟と同じようにそう呼ばれることを忌避するという歴史があったので、考えてみた。

『続日本紀』神護景雲元年（七六七）十一月乙巳条に陸奥国に「栗原」郡を置くという記事があり、もとは「伊治」城であったという。征夷のために軍事施設を置き、やがて行政単位の郡とすることで国の領域に組み込むのである。同三年六月乙巳条（七六九年）には「伊治村」という名称が記されている。なぜ郡を置くにあたって伊治郡ではなく栗原郡になったのであろうか。栗原はクリハラであろうから、漢字の栗原と伊治がつながるとしたら、伊治はコレハルでそれが栗原に置き換えられたのではないかと考えられる。しかし、伊治は悪い字でもないのになぜ栗原郡にされねばならなかったのか。栗原という地名がこのとき以前からあった証拠はない。

もともとはイジという地名があって、それが伊治と書かれたのではないだろうか。伊豆沼など、近くにイズという音の地名があるからである。まずイジである伊治をコレハルと読ませ、つぎにイジと読まれる可能性のない栗原にしたのではないだろうか。イジ・イズ・エゾはカナ文字で書けばちがうが、発音は同じであったろう。エゾは八世紀半ばに陸奥国の郡の名称として忌避されたことになる。しかし在地の有力者である伊治公呰麻呂《いじのきみあざまろ》のことは夷俘《いふ》と呼んで忌避していない。次の項で述べるように、夷俘の意味はエゾである。

エゾは土地の名であった。国内に組み込んだ地域の名を大和化し、その土地の住民はまだエゾとするやりかたは、国内とした蝦夷地を北海道と命名して住民を土人・旧土人と呼んだ近代に相似形が見られる。

俘囚・夷俘

『続日本紀』以降、「蝦夷」とは異なる言葉の〝意味上のエゾ〟が書かれる。俘《ふ》囚《しゅう》、夷俘である。俘囚・俘は服属した者という意味で、蝦夷とは混用されない。俘囚と夷俘について詳細に論じた平川南によれば（平川・一九八七）、俘囚は神亀二年（七二五）が初見で、八世紀前半に全国的規模の地方行政組織再編に関連して、辺境での柵戸の導入と蝦夷の内国への移住策が実施されたのに伴って使用された。夷俘は天平宝字年間に仲麻呂政権下の積極的な東北政策の下、未服属の蝦夷との対比で用いられるようになった。俘囚と帰服蝦夷とを含んでいたのである。

延暦十年代（八世紀末）、蝦夷政策の激動期に夷俘は地名＋公姓をもつ帰降蝦夷のみを意味した。俘囚は吉弥侯《きみこ》部姓に固定化した。弘仁二年（八一一）ごろ以降、夷俘と俘囚は混用される状況となり、俘囚は公民化されてゆき、夷俘の呼称は弘仁五年（八一四）正式に廃止されることになる。元慶の乱の鎮圧（八七八年）によって、本州最奥の地域を残して蝦夷と呼ばれた人々は最終的に征服されたことになった。しかし、奥羽の豪勇は俘囚と呼ばれつづけ、その終末は奥州藤原氏の滅亡によってもたらされる。

エゾを設定した矛盾

名称の変化がなぜ起きたかといえば、俘囚・夷俘の用語は華夷思想に由来し、古代国家の辺境支配上、不可欠の存在であり、きわめて政治的な支配上の産物であるために、古代国家の東北政策の推移とともにそうならざるをえなかったのである（平川・一九八七）。さかのぼって「蝦夷」に対しても、もともと行政に対応する定義がなかった。八世紀、現実の身分制のなかに問題が出てきたときに設定されたのが「俘囚」である。エゾはもともと華夷思想下の観念であったために必要に応じて用語や位置づけを変化させていくのである。俘囚という用語への変化は、公民化に向かったはずであったがエゾとも読まれるようになる。夷俘である爾薩南公阿波蘇《にさなのきみあはそ》や宇漢米公隠賀《うかめのきみおか》（これらの名の本当の読みはわからない）は「蝦夷」ともされ（『類聚国史』延暦十一年十一月）、前者はたんに「夷」ともされている（『類聚国史』延暦十一年七月）。「夷」は中世の公的な用語と同じであるが、変動の結果、もっとも単純で純粋な夷狄観を表すことになったのではないだろうか。

為政者の側が抱く観念は、公民化への志向を強制されながら同時にエゾとされつづけた当事者に葛藤をもたらす。

エゾはエゾ

魁帥綾糟の服属儀礼

エゾ観の超歴史的な性格が、夷狄の服属儀礼に見られる。敏達《びたつ》紀（十年閏二月条）に蝦夷の魁帥《ひとごのかみ》綾糟《あやかす》が服属儀礼を行なったことが記されている。蝦夷数千が辺境を侵略したので、天皇は蝦夷の魁帥綾糟を召して「大足《おおたらし》彦《ひこ》天皇の世に行なったのにならい、お前たち蝦夷の首謀者を誅《ころ》そうと思う」と言った。綾糟は恐れかしこまり、初瀬川《はつせがわ》の流れに入って三輪山《みわやま》に向い、水をすすって誓ったのは、「永遠に天皇の治める国に仕えます。もしこの誓いにたがえば、子孫は絶滅するでしょう」というものであった。原文は綾糟等、蝦夷等、臣等と「等」がついているが、複数を表すとも、謙譲・蔑視のニュアンスの用法ともみなせる。ともあれ、魁帥という首長層と一代の天皇との誓約ではなく、綾糟は蝦夷の集団を、敏達天皇は王権を代表して、永続的な関係を誓約したものである。それはその後何度も行なわれた服属儀礼の理由として、王権側が蝦夷の服属を確認する歴史的根拠として設定されているとみることができる。

雄略紀二十三年八月丙子条には、「征新羅将軍《せいしらぎしようぐん》吉備臣尾代《きびのおみおしろ》が五〇〇の蝦夷を率いて吉備国に至ったとき、蝦夷は天皇が崩じたと聞いて『わが国を領し制す天皇、既に崩ず。時失うべからず』と言い合って、聚結して傍の郡を侵寇した。尾代は娑婆水門《さばのみなと》で合戦したが、蝦夷は踊ったり伏したりして箭を避け、とうとう射ることができなかった」とある。蝦夷は天皇によって制御される存在であることを示している。征新羅軍との関連で語られていることについては前述の粛慎のところでふれた。

服属集団が王権への服属を三輪山において天神地祇・諸天などに誓うというのは、古形式の服属儀礼であり、八世紀以降においては確認できない（熊谷・一九八五）。大宝令施行後は天皇への拝礼という形式の朝賀への参列に変化する（熊谷・一九九七）。しかし、形式的な服属儀礼のありかたの変化は、大王と天皇の性格が変わったからであって、倭王権と律令国家の天皇制それぞれにおける蝦夷の意義は不変であると考えられる。

綾糟は初瀬川中流で三諸山《みもろ》に王権への服属を誓った。三諸山は王権の所在地であり、そこに蝦夷が服属を誓ったのである。王権の所在地の神に服属を誓う者としての蝦夷は、国土の外の土地の霊的な存在としての意味がある。このような蝦夷の性格は、蝦夷についての観念の最も根本にあるものなので、後世まで王権とかかわりをもってゆく。宝亀五年（七七四）に蝦夷・俘囚の入朝が停止された。しかし延暦十一年（七九二）には、長岡京朝堂院の完成を期して入朝が行なわれた（武廣・一九九三）。そのときも蝦夷は王権の所在地に対して寿ぐ意義を担わされていたということができる。

蝦夷は、一二世紀になっても朝廷の儀式では必要とされつづけた（『台記』久安二年〈一一四六〉十一月十四日条）。儀礼上での蝦夷の位置づけは、蝦夷観の基本であるために変わりにくく、のちのちまで残っていったのである。

令の蝦夷観

令の条文に蝦夷という語が使われていないので、古代の注釈家は外蕃に蝦夷を含めるかどうかについて問題にしたことは前に記した。また賦役令辺遠国条には「夷人」があり、「古記」はその一例に毛人をあげたことも前述した。「夷狄」という言葉は、職員令玄蕃寮条に「在京夷狄」という文言がある。儀式に参列するために京に滞在している夷狄の扱いのことであるが、それについて令の注釈書である「古記」と「令釈」は、夷狄の具体例に蝦夷をあげている。唐令は夷狄と諸蕃を区別しなかったが、日本の令は両者を区別しているからである。「古記」は戸令の「およそ、官戸、家人、公私奴婢の抄略せられ外蕃に没し在り、自ら抜し還りうる者は、皆放せ」(官戸自抜条)について、「抄略」とは蕃賊のために虜掠《りょりゃく》されることだとし、外蕃について「蝦夷賊」の場合も「新羅賊」と同じ扱いにするとしている。つまり、蝦夷に捕らわれていた者たちの扱いについて、外蕃である新羅の場合と同じといっている。

考課令戸口増益条「戸貫に従わずして招慰を得る者」の「招慰」の対象を、大宝令の公式注釈書である『令義解』は「蝦夷之類」としている。招慰とは帰順させていたわること で、それが蝦夷ならば、戸に編成されていない蝦夷が広範に存在することを前提にした条文だと考えられる。日本では唐令の賦役令の夷狄招慰条を削除している。削除の理由は、日本では「夷狄」の招慰は無意味だったからと考えられる。しかし考課令のほうでは、未編戸の蝦夷を招慰することを設定しているのであるから、夷狄が蝦夷であることを考慮していないという論理になる(熊田・一九九五)。

反対に、唐令の賦役令・戸令没落外蕃条(帰化規定)を、日本令は取り入れた。今泉隆雄によれば、帰化は外蕃に適用されるのであって、夷狄は化外人(外蕃)に含まれず、夷狄の帰化は想定されていなかった(今泉・一九九五)。ならば、日本では法解釈上、前述のように外蕃は毛人であったから、毛人の帰化はありえても、夷狄である蝦夷の帰化はないものと考えられていたことになる。蝦夷はあくまで蝦夷として存在するしかないことにされている。

また、唐の都護府長官の職掌であった「輯寧《しゅうねい》外寇」（侵攻しようとする外敵の難を和らげ安んじること）を日本では削除したため、外敵に接する陸奥・出羽・越後の国司には蝦夷の外寇問題は設定されていない。八世紀に『日本書紀』上で粛慎が蝦夷の向こうにいる蝦夷とは異なる集団で討つ対象とされていながら、法制上「外寇」がなく、蝦夷も「外寇」の対象となっていない（熊田・前掲）。内国にいる場合、つまり在京の夷狄や賊（賊と認識されるのは観念的な夷狄ではなく交渉が現実的である事を意味する）については蝦夷とされている。儀式に参列したり、反乱したり賊となったりするエゾは可視的な存在である。国家の意図としては眼に見える夷狄が必要なのだが、エゾの法的な位置づけは明確ではないものとなっている。

蝦夷の性質

律令国家の蝦夷観は次の三点に整理されている。それは、①不服従性、②貪欲で利のみを求める性質、③野蛮で勇猛な性質、の三点である。国家は①に対処するため、定期的な朝貢による服従の誓約を強制し、②に対しては、饗給によって懐柔できると考え、実行した。③の性質は、諸天や神の呪術的な威力によってこそ服従させうるものであったという(今泉・一九八六)。

これらの性質は相互につながっており、文献には蝦夷の性質について、野心・狼性・獣心などと表現されている。これらはほぼ同じ意味で、中国の古典である『春秋左氏伝』に典型的にある表現である。「狼子野心《ろうし》」とは、狼をてなずけようとしても、生来の野性があだとなり、なかなか馴れないということで、謀叛の心や凶暴な人は容易に教化しにくいことの譬《たと》えとして使われる。「狼心」は欲深い心ということ、「獣心」は道理を弁えず残忍なことである。蝦夷観は『日本書紀』『続日本紀』『類聚国史』『日本紀略』『類聚三代格』『日本三代実録』に繰り返し記され、この古典的表現に則っている。俘囚は各国に移配されたが、暴動を起こした。それを野心のためとし、野心獣心はなかなか改まるものではないと書かれている。武力の面で強かったという実態が反映していると考えられているが、そのエネルギーが野性とか獣心と表現されているのは決して自然の寵児とか素朴な心性の持ち主の意味ではない。

エゾの饗給には費用がかかった。饗給するというのは、エゾを招待して饗宴をひらいて有力者に位階を与え官職に任命し、食料や衣服を支給することである。それは陸奥や出羽の国司の任務となっていた。奥羽にとってその財政負担は膨大であった。そのため八世紀末以降、経費を諸国に分担させるため大量の俘囚はほぼ全国に移住させられた。弘仁二年（八一一）には俘囚計帳（調庸を取るための基本台帳）を作ることが決められ、公民化が進められた。移住させたエゾの対策にも費用がかかった。国司には繰り返し教喩の命が下るがエゾはなびかず、ただ恩賞には野心を和ませるという（『類従三代格』貞観十七年五月十七日太政官符）。律令国家にとってエゾはエゾとして必要な存在だったため、その設定の維持にかかる費用や人的損害は必要な経費だった。

エゾはエゾ

エゾはあくまでエゾとされる。俘囚だけの計帳が作成され、夷は夷としての給分を受ける。民夷の区別は九世紀末にも厳然と守られた（田中・一九九七）。弘仁五年（八一四）、帰降した夷俘が役人や公民から姓名を呼ばれずに、たんに夷俘とのみ呼ばれて差別されるので、皇化した夷俘はそのことを深く恥じているから、官位や姓名を呼ぶようにという勅が出されている（『日本後紀』弘仁五年十二月一日条）。俘囚や夷俘に対するこのような具体的な差別は、実態が異質かどうかにはかかわらない。このころの文献上のエゾは支配に従わないで秩序からはずれて暴れるという見方になっている。仮にエゾは異質な文化の持ち主だったとして、だから武力で抵抗しつづけていたということにはならない。支配されることへの抵抗が強かったことは確かであるが、それが何に由来するのかということは、よく考える必要がありそうである。

飢饉のときの賑給《しんごう》（困窮者などに対する臨時の物品の配給）が俘囚に及ばないことに対して、飢饉の苦しみは同じであるから「救急の恩」は民夷の別なく行なうようにという勅が出される（『日本後紀』弘仁四年二月二十五日）。そのように政策は天皇の徳にもとづく皇化を進めるが、その効果はないものと認識されつつ繰り返され、現場では差別が存在し、公民となりながらエゾと呼ばれる人々のなかには仏教に帰依したり、儒教的道徳を身につけることによってその境遇を脱しようとする意志がみられる。それは一見、蝦夷教化の効果のようにみえてしまう。

蝦夷訳語

古代において蝦夷が異言語を使う異民族とされていたことを表すものとして、通訳＝訳語の存在がある。蝦夷が古代国家によって設定されたなら、当然通訳も装置として必要になったとみなければならない（遠山・一九九八）。蝦夷訳語の実例は陸奥蝦夷訳語外従八位下物部《もののべの》斯波連《しわのむらじ》永野《ながの》に外従五位下を授く、という『三代実録』の記事がある（元慶五年〈八八一〉五月三日）だけで、蝦夷訳語の活動については不明である。おそらくは儀式に列席したのであろうが、物部斯波連は承和二十二年（八三五）

俘囚勲五等吉弥侯宇加奴《きみこのうかぬ》が賜わった姓で、蝦夷訳語は蝦夷出身者を官人として編成したものであったことが推測できる。

『藤原保則伝』に、鎮守府将軍となった小野春風は若くして辺塞に遊び、「夷語」がよくできたとある。『日本後紀』には陸奥国新田《にいた》郡の百姓である弓削部虎麻呂と妻丈部《はせつかべ》小広刀自女が久しく賊地に住み、よく夷語を習ってしばしば漫語（驕り高ぶった言論）をもって夷俘の心を騒動させたために日向国に流刑となった、という記事がある（延暦十八年〈七九九〉二月二十一日条）。夷はヒナとも読まれ、その場合は辺境といった意味であるから、夷語が異言語なのか方言なのか、アイヌ語といえる言語なのか（アイヌ語は日本語とは別の言語である）、日本語の方言なのかは不明である。東北地方のアイヌ語地名の問題が浮上してくるが、アイヌ語が東北地方で話されていたことが仮に事実であったとしても、史料にみえる蝦夷訳語なるものが観念的であることとは矛盾しない。

聖徳太子と蝦夷

聖徳太子信仰

ここで、なぜ聖徳太子が出てくるのかと思われるだろうか。『古事記』にも『日本書紀』にも、聖徳太子と蝦夷とを直接関連させた記述はない。聖徳太子を聖人とみなす信仰は、太子の没後すぐに始まったという。『日本書紀』には伝説化した太子の記事がみえ、その後、奈良時代には救世《ぐぜ》観音の化身《けしん》とされるなどますます信仰は篤くなる。平安時代には中国の慧思《けいし》禅師の生まれ変わりであるともいわれ、最澄・空海などからも信仰され、本格的な太子信仰が形成された。一〇世紀初めに書かれた聖徳太子の伝記『聖徳太子伝暦《でんりゃく》』はそれまでの信仰の集大成ともいえる。鎌倉時代には親鸞によって民衆の信仰として広められ、浄土真宗を批判した日蓮においても崇拝された。

また、室町時代末期には太子を職能民の祖とする信仰が広まり、民衆のなかに根を張った大きな信仰世界をつくりあげている。『聖徳太子伝暦』以後の聖徳太子の伝記には、太子が一〇歳のときに都に攻め上ってきたエゾを鎮圧したことが語られている。しかし、太子信仰の展開に蝦夷鎮撫の事績は関係がないようで、宗教上に何らかの意味をもって社会に影響をもたらしたようにはみえないのである。

延喜十七年（九一七）成立といわれる『聖徳太子伝暦』はこのように書いている。

『聖徳太子伝暦』

（敏達天皇）十年二月、蝦夷数千が辺境で暴動を起こした。天皇は群臣を召し征討の相談をした。そのとき太子は側にいて、注意深く群臣の論を聞いていた。天皇は太子に意見を求めた。太子は「こどもは国の大事を相談するに値しないが、今群臣が言っていることは皆、命あるものを滅する事である。私の考えはまず蝦夷軍のリーダーを呼び、ふたたび教喩してかたく服従を誓わせ、故郷に帰してさらに重禄を与えて蝦夷の性格を改めることである」と言った。天皇は大いに喜び、すぐに綾糟《あやかす》等を召し「お前たち蝦夷を大足彦《おおたらしひこ》天皇の世に、殺すべき者は斬り、ゆるすべき者は赦した。今朕はその前例に遵《したが》い、反乱の首謀者を誅そうと思う」と言った。そこで綾糟等は恐れおののき、泊瀬《はつせ》川に行って三諸《みもろ》山に向かって「臣等蝦夷、今後は子々孫々清明な心で天皇に仕える。もし盟《ちかい》に違えば、天地諸神及び天皇霊が我々の子孫を絶やすであろう」と誓いを立てた。これより後、長い間辺境を犯すことはなかった。

この記事は『日本書紀』敏達天皇十年春閏二月条の記事に、聖徳太子が蝦夷の騒乱に際して、対蝦夷策として、殺生をともなう実戦をせずに徳による王化を進言したことを加えたものとなっている。ただし、『伝暦』としてまとめられた素材のなかにすでにこのような説話があり、太子信仰の中心であった大阪の四天王寺には『伝暦』以前の秘伝書があったらしい（徳田・一九八四）。この後に作成された伝記には太子十歳条に蝦夷鎮撫の事跡が書かれるようになる。

中世には『聖徳太子伝暦』についての研究・注釈書が多数書かれる。嘉禄年間（一二二五～一二二七年）に書かれた『太子伝古今目録抄』では、十歳条の東夷・蝦夷については注釈がない。しかし景行天皇六十年のこととして「辺地の蝦夷来たる、又魁帥と云う。これ大毛人也。盗人これ也。太子の時。昔時来朝の刑罰の子細を示す。今は本土に還る」としている。「盗人」という表現は、蝦夷を「賊」としていた表現からか、『太子伝古今目録抄』が書かれた当時の仏教的な罪人観と夷島が流刑地であった現実から来ているのであろう。

図3　法隆寺障子絵（第1隻，東京国立博物館蔵）

法空（橘寺長老）の正和三年（一三一四）の編である『聖徳太子平氏伝雑勘文』と『聖徳太子拾遺記』もあるが、『伝暦』の注釈書は蝦夷像について語ることはない。この数年後に成立した文保本太子伝（後述）は強烈な蝦夷観を帯びている。

最古の蝦夷像「法隆寺障子絵」

聖徳太子信仰にもとづいて太子の事跡を表現した絵伝が、すでに奈良時代に四天王寺絵堂にあった。一〇世紀に『聖徳太子伝暦』としてまとめられる素材の太子伝によってそれは描かれていた。しかしその絵伝に蝦夷の図像はなく、『伝暦』成立後に描かれるようになったと考えられている（菊竹・一九七六）。

現存最古の蝦夷像は延久元年（一〇六九）、法隆寺絵殿の壁面にはめ込まれていた障子絵伝で（図3）、絵師は秦致貞《はたのちてい》である（東京国立博物館蔵）。泊瀬川で綾糟らに帰順を誓わせる場面が描かれ、『聖徳太子伝暦』の文に拠った題銘がついている。蝦夷の像については剥落が激しいが、後世の書き直しや構図の変更もかなり行なわれているものの、風俗については一一世紀当時のものをみてとってよいという（秋山・一九六四、高崎・一九五七）。四人の蝦夷が腰みのや羽を身につけ、おぼろげながら、周囲の人物とは異なった風貌で描写され、非常に猛々しい屈強な人間といった印象（佐々木・一九七一、二〇〇四）があり、一一世紀までの蝦夷観の基本像をみることができる。

絵解き

僧が聖徳太子絵伝を見せながら解説を行なう絵解きは、平安貴族たちも参観した。描かれている蝦夷像を見ているわけである。一二世紀半ば、久安二年から六年に鳥羽法皇の四天王寺参詣があり、藤原頼長らが四天王寺の聖徳太子伝の絵解きを聞いた（『台記』）（渡邉・一九九三）。次節に記すように、平安時代の貴族文化のなかで異彩という感じのエゾを詠みこんだ歌が、鳥羽法皇の第一皇子崇徳《すとく》院のサロンの歌合で作られはじめ、四天王寺とかかわりがあって二度別当になった慈円《じえん》もその流れに加わっている。貴族のエゾの作歌と聖徳太子絵伝とには関係があるように思える。

また、一二世紀半ばといえば、前に記したように、都では朝廷の儀式に蝦夷が参列していた。皇族や貴族は、蝦夷の何たるかを見ていたのであった。

和歌にみえる貴族のエゾ観

エゾを詠んだ和歌

長承元年（一一三二）に詠まれた「あさましや千島《ちしま》のえぞの作るなるとくきの矢こそひまは漏るなれ」（『左京大夫《さきょうたいふ》顕輔卿《あきすけきょう》集』）がエゾの和歌としては初出である。しかし、前に記したようにすでにエゾという言葉は使われていた。この後の和歌には津軽、千島という言葉とともに用いられている（海保・一九八三、一九八四）。エビスは情緒のない心ない者という意味で使われていたが、エゾも同じ使い方がある。

情けなきえぞも秋をや知りぬらん常にことなる月の光に（藤原教長《のりなが》〈崇徳院近臣〉『三井寺山家歌合』治承四年〈一一八〇〉五月以前）

あたらしやえぞがちしまの春の花眺むる人も無くて散なむ（慈鎮、建久元年〈一一九〇〉九月十三日、九条亭花月百首御歌『拾玉集』一三四四番）

顕昭《けんしょう》は歌学書『袖中抄《しゅうちゅうしょう》』を著わした。養父である藤原顕輔の「あさましや千島のえぞの」の歌について、〃とくき（鳥茎）の矢〃とは、奥のえびすは鳥の羽の茎に附子《ぶす》という毒を塗って鎧の隙間を見計らって射るという。附子《ぶし》矢というのはこれである。えびすの島は多いので千島のえぞと言うのである」と記述している。顕昭はエゾとエビスの違いを気にせず、歌のなかのエゾをエビスに置き換えて説明している。都の貴族にとってはエゾもエビスも同じであった。エミシからエゾへの言葉の変化があっても、都びとの蝦夷観自体にはほとんど意味をもたないものであり、人間集団の実体にも関連しない。

エゾは「えぞがすむつかろの野辺の萩盛りこや錦木の立てるなるらん」（一一五〇年、尾張守親隆朝臣『久安六年御百首』題秋、六三四番）のように津軽、「八十島《やそしま》やちしまのえぞが手束弓《たつかゆみ》心つよさは君にまさらじ」（一一七七年以前、藤原清輔《きよすけ》『清輔朝臣集』二四二番）のように千島、「こさふかば曇りもぞするみちのくのえぞには見せじ秋の夜の月」（一一八〇年代、西行『西行家集』）のようにみちのく、「奥の海やえぞが岩屋の煙だに思えばなびく風は吹くらん」（一三世紀はじめ、藤原家隆《いえたか》『壬二集《みにしゅう》』二六八六番）のように奥と結びついている。

そして、「便りあらば津軽の奥にとめられてえぞ帰らぬと妹《いも》に告げばや」（藤原敦頼『歌林』承安二年〈一一七二〉詠）は明らかに「えぞ」が強調の副詞的用法として使われ、津軽と結びついている。このような「えぞ」の使い方は他にもたくさんある。「語らえばえぞ過ぎやらむほととぎす声には関もすえじと思ふに」（一一五〇年、小大進『久安六年御百首』題秋一三二四番）がそうであるが、関と結びつく表現になっているのは陸奥からの連想である。また、「夕霧にえぞすぎやらぬあづまじや関はかすみの名にたてれども」（一二四八年、洞院実雄《とういんさねお》『宝治百首』一七六九番）という歌の場合は、エゾと「あづま」、関が結びついている。

すでに一〇世紀初めの『古今和歌集』には「えぞ知らぬいま心見よ命あらば吾や忘るる人やとはぬと」（巻八、離別歌、三七七番）という用例がある。この歌の題詞は「紀のむねさだがあづまへまかりける時に、人の家にやどりて暁いでたつとてまかり申ししければ、女のよみていだせりける」とあり、あづまゆえにエゾという語句を使ったとすれば、和歌でも一〇世紀初めにエゾの語は使われていることになる。

蝦夷知識の限界

先に記したように和歌にはエミシはまったく使われず、詠まれているエビスには津軽のえびす・千島のえびすという言い方はない。しかし、エゾとエビスを住む地域がちがう人々として使い分けていたかどうかは明確でない。これは、一五世紀においても同様な状況である。相国寺《しょうこくじ》鹿苑院《ろくおんいん》蔭涼《いんりょう》軒主の公用日記には「エソカ島とはどう書いたかとお尋ねがあったが、私は知らないと申し上げた」「一昨日尋ねられた夷楚という字を私は知らなかった。小補和尚に問うと夷楚島であるという。真実はわからない。また或る人が言うには釈書に蝦夷国があり、同じであると。私はこのようなことを書いて献上した」（『蔭涼軒日録』文明十七年〈一四八五〉九月二十二日条、同二十四日条）とあり、知識人でさえエゾがどのように表記されるのか、あるいは「蝦夷国」というものがかならずしも常識ではなかったことがわかる。

藤原顕輔は、長承元年（一一三二）の崇徳天皇の内裏の会で「あさましや」の歌を詠んだ。それをきっかけに流れができ、崇徳天皇のサロンの歌人たちは『久安六年御百首』（一一五〇年）で「えぞ」と関連する表現を使った歌を詠んだ。顕輔の詠歌には何かもととなった説話があったと想定されるが、具体的には不明であるという（山田・一九九三、佐伯・一九九六）。それにしても、『久安六年御百首』は崇徳天皇、顕輔をはじめ一四名が一

○○首ずつ詠んだのであるがそのうちエゾを使った歌は前に記した「えぞがすむ（えぞ霞むと掛けている）」「語らえば」と「道もせに誰折りしけるにしきめもえもしらすげの真野の萩原」（崇徳天皇、題秋三四番）の三首だけである。この崇徳天皇の歌は『夫木《ふぼく》和歌抄』では「えぞしらすげの」となっているから例にあげた。つまり、「えも」「えぞ」「えや」は同じ使われ方をしている。えぞと関連する表現を使った歌は『国歌大観』『続国歌大観』（『新編国歌大観』）に一六〇首以上あるにはあるが多くの歌人と膨大な歌（四五万首）のなかで、エゾという言葉が蝦夷として使われた歌はほんの一時、一部の人々によるものでしかないといってよいのではないだろうか。

えぞがちしまの歌

和歌史上重要な意義をもったとされる建久五年（一一九四）「六百番歌合」（左大将家百首歌合）で、前にふれた『袖中抄』の著者でもある顕昭は「思ひこそちしまの奥を隔てねどえぞかよわさぬ壺の碑」と詠んだ。判者の藤原俊成は「千島」は古くは歌材にならなかったのではないかと否定的に評価した。「えぞがちしま」を詠み込む歌に対しての歌合の判者の抵抗感が明らかで、それはもののあわれを重要視する歌の世界で、詠むに値しないという評価として確立された。顕昭の異議申立である『六百番陳状』にこの判定への異議は書かれていない。王朝の和歌は奥州北方の土地や住民についての情報が増えてきた時代においても、歌材や歌枕といった和歌のきまりに左右されるのであり、貴族の蝦夷観が「蝦夷」の実体には無関係であることを示している。

それでも、エゾという言葉を使う表現は貴族の和歌の世界の一角を占めた。未知の土地への興味やエキゾティックな世界を作品に表現したいという欲求があったのだろう。「えぞがちしま」はこれより以前、えぞの歌の初出とされる藤原顕輔「あさましや」（一一三二年）に詠まれたほかは、その息子清輔の「八十島や千島のえぞが（前出）」、西行「いたち（け、とも）もるあまみがせきになりにけりえぞが千島をけぶりこめたり」（詠年不明『西行法師集』五九六番）、慈鎮「あたらしや（前出）」、「秋の月あまねき影をながめてぞ千島のえぞも哀知るらむ」（詠年不明、同七五一番）、「月を思うえぞが千島に秋かけてかつつ今夜白河の関」（詠年不明、同四六四七番）がある。慈円（慈鎮）は当時源頼朝と「陸奥のいわでしのぶはえぞ知らぬ書き尽くしてよつぼの石ぶみ」（頼朝『新古今和歌集』）、「おもうこといな陸奥のえぞいわぬ壺のいしぶみかきつくさねば」（慈鎮『拾玉集』）のやりとりをしていた。一二世紀末のことである。

一三世紀半ばになると、和歌の「えぞがちしま」は北条朝時の猶子となった姉小路家の権僧正公朝《きんあさ》「陸奥のえぞが千島の鷲の羽にたえなる法の文字もありけり」(『夫木和歌抄』)、一四世紀後半に藤原師兼《もろかね》「君が代はえぞが千島の外までも都のつとにさそいぞくらん」(『師兼千首』九九七番)、花山院長親《かざんいんながちか》「音に聞くえぞが千島の外までも君しおさめば浪もさわがじ」(天授三年〈一三七七〉『耕雲千首』八四四番)が詠まれた。次に中世のエゾ観について見ることにする。

中世のエゾ

『諏訪大明神絵詞』

中世の夷

中世の蝦夷観の特徴のひとつに、北海道が「夷島」という表現となり、武家政権から流刑地、異境として位置づけられるようになったことがあげられる。夷島は政治的に現実のものであった。

しかし蝦夷は夷島だけでなく東北地方にもいて、騒乱をおこす存在であった。鎌倉末期にまとめられた『沙汰未練書《さたみれんしょ》』が、武家の沙汰として洛中警古《けいご》、西国成敗《さいごくせいばい》、鎮西《ちんぜい》九国成敗とともにあげた「一、東夷成敗の事、関東にその沙汰有り（東夷は蝦子《えびす》の事也）」（『中世法制史料集』一）という「東夷」は、奥州のことである。注に「東夷は蝦子の事也」とあるのは「蒙古《もうこ》」ではないと説明する必要があったからで、アイヌを意味しているわけではない。『鎌倉年代記』『鶴ケ岡社務記録』など中世の記録にみえる「蝦夷蜂起」や、それにともなう「蝦夷降伏の祈禱」「蝦夷征罰」「蝦夷追討使」などは、奥州の争乱についてのことである。

中世については、東夷・蝦夷といえばアイヌ、と解釈されることが多い。しかし、アイヌが北奥にも存在し、津軽の安東《あんどう》（安藤）氏が夷島に往来してアイヌと接触していたことが事実であったとしても、その事実と史料上の夷・蝦夷とは同じではない。鎌倉期以降、実体のアイヌ民族を視野にとらえる可能性はじゅうぶんにあるが、〝アイヌ〟というところに関心がいってしまう傾向があり、無批判にアイヌと結びつける危険にさらされている。

中世の蝦夷像は、古代からの文学的なイメージをひきずりながら、穢《けが》れ観のひろまりと関連し、仏教の影響を深く受けている。中世の神国思想が中世の蝦夷像に反映し、寺社関係の文献に現れてくるのだと考えられる（大石・一九七八・一九八〇、村井・一九八八、伊藤・一九九三、入間田・一九九八、北海道・東北史研究会・一九八八）。

『諏訪大明神絵詞』とは

信濃《しなの》国一の宮が諏訪《すわ》神社である。その縁起を絵と詞書《ことばがき》で華麗に表現した『諏方社縁起絵巻』を、この神社の大祝《おおはふり》の一族である小坂円忠《こさかえんちゅう》がプロデューサーとなって制作した。円忠は学識を評価されて鎌倉幕府公事奉行人、さらに室町幕府雑訴決断衆《ざっそけつだんしゅう》として仕えていた文官である。縁起絵巻の外題は当時の帝、後光厳院の宸筆《しんぴつ》であり、各巻の奥書は足利尊氏、詞書は青蓮院《しょうれんいん》尊円法親王、円満院二品親王、石山前大僧正、近衛右大臣（道嗣）、久我《こが》内大臣（通相《みちすけ》）、六条中納言有光、宮内卿藤原行忠の手になり、絵師は中務少輔藤原隆盛、因幡守隆章《たかあき》と摂津守隆昌《たかまさ》の父子、和泉守郊貞で、『慕帰絵《ぼきえ》』や『後三年合戦絵』の絵や詞書を手がけた人々と重なっている。『諏方社縁起絵巻』は詞書のみが伝写されていき、現存最古の写本（文明四年〈一四七二〉「権 祝 本《ごんのはふりぼん》」の書写者宗詢が、絵を伴わない詞章という意味で『諏訪大明神絵詞』と名づけたという（金井・一九八二）。非常に残念なことに絵は伝わっていないが、詞書は蝦夷の具体的な姿を記した最初の史料として有名である。縁起絵巻の成立は延文元年（一三五六）。当時はすでに北辺の騒乱に鎌倉から兵が派遣されており、都の知識人にもエゾの新情報が知られる理由はある。しかし、なぜ諏訪大明神の縁起がエゾについての史料となっているのだろうか。

制作の背景

制作の理由は、諏方社の祭絵が先年紛失したということであった（『園太暦《えんたいりゃく》』）。北条氏と主従関係を結んでいた諏方氏が、鎌倉幕府滅亡に伴って落ちぶれ、南朝に与して室町幕府に抗した。鎌倉幕府の保護を受けて栄えた諏訪社であったが、衰退してきていたので、諏訪信仰の回復と神徳の宣揚が主目的であったことが考えられる（今津・一九九四）。絵詞の詞章の作者が誰であるかはわからないが、小坂円忠自身とその子諏訪左衛門尉雲岫が著作に参画したかもしれないという（小島・一九六二）。円忠は一〇年のあいだ、吉田（卜部《うらべ》）兼豊、卜部兼前《かねさき》、洞院公賢《とういんきんかた》などの識者に諏方社縁起や諏訪明神の事績について『日本紀』『先代旧事本紀《せんだいくじほんぎ》』をはじめさまざまな文献を典拠に質問をしている（金井・一九八二）。

これは豪華絢爛な縁起絵巻であった。しかし、諏訪社の地位を高めるために政治的に利用されたり、信仰を広めるために絵巻が公開されたりしたことは、なかったようである。九〇年近くたってから、中原康富《なかはらやすとみ》の日記に三度、伏見宮貞成《さだふさ》親王やその子後花園《ごはなぞの》天皇周辺の貴族に見せられたことが記されているが（『康富記』嘉吉二年〈一四四二〉六月十一日条、十一月二十六日条、十二月一日条）、当時所持していたのは円忠の四代目の子孫諏訪将監忠政で、五代目の貞宗（貞通）にも伝えられていたことがわかる。絵詞の跋に「恭《うやうやし》ク翼《ねがわ》クハ、書図不朽而伝へ万孫之家」とあり、諏訪大祝家神氏の流れを汲む円忠の家の聖典だったのである（小島・一九六二）。とはいえ、縁起絵は宮中や貴族の家で拝観され、蝦夷のイメージを貴族たちに共有させたという機能を果たしたであろう。

現存の写本では豊国神社の創建者である梵舜《ぼんしゅん》が慶長六年（一六〇一）に吉田神道家で書写した〝梵舜本〟がもっともよいとされている。天正十一年（一五八三）に原本が洛中の諏訪家にあったと思われ、その一八年後に原本から書写した可能性が高いという（今津・一九九四）。

征夷の軍神

制作の意図や結果とはべつに、東国の諏訪大明神すなわちタケミナカタノカミの性格に起因する歴史的な構造がこの史料にはある。信濃の諏訪大明神の威力は平安王朝の征夷に発揮され、鎌倉末期の東夷蜂起にも東国武家政権を援護して顕れた。円忠は都の王権も武家の王権も軍神としての建御名方神《たけみなかたのかみ》の霊力なしには成立しえないと主張しているがその歴史認識は特殊な考え方ではない。視点を変えれば、征夷という行為が王権と切り離せないことを語っていて、それは古代以来のエゾ認識の線上にある。現実的には、この軍神は信濃国内での在地領主の守護神として機能することによって武家棟梁の信濃支配を支え、また東国規模に霊験が拡大していった（鈴木・一九九四）。『諏訪大明神絵詞』がエゾについて語るのはそのようなわけである。

詞書のエゾ

①当社（諏訪大明神社）の威神力は、（道義の衰えた）末世といえども際だっていることが多いなかに、元亨正中年間より嘉暦年中に至るまで、東夷

が蜂起して奥州が騒乱する事があった。
②蝦夷が千島といわれるのは、我が国の東北にあたって大海の中央にある。ヒノモト、唐子、渡党《わたりとう》という三類が各三三三島となって群れをなして居る。（千島の内）あと一島は渡党に含まれる。その千島の内にウソリ、鶴子別、今□、堂宇満伊などという小グループがある。この種類は頻繁に奥州津軽外浜にやってきて交易する。夷一把というのは六〇〇〇人である。集まるときには「百千把」におよんだ。ヒノモト、カラコの二類はその地が外国に連なって形体は夜叉のようで変化無窮である。人倫は禽獣魚肉などを食べ、五穀の農耕を知らない。何重にも通訳をしてもことばが通じにくい。渡党は和国の人に同類のようであった。ただし、ひげが多く、身体中に毛が生えている。その言葉は洗練されていないが大半は通じ合える。このうち、公超の霧をなす術を伝え、公遠の隠形の道を得たグループもある。戦場に臨むときは、丈夫は甲冑弓矢を帯びて箭陣にすすみ、婦人は後塵についていき、木を削って幣帛《へいはく》のようにして天に向かって誦咒《しょうじゅ》する姿がある。男女ともに山奥を行くが乗馬をしない。その身の軽さは飛鳥走獣に同じ。彼らが使う箭は骨を鏃《やじり》として毒薬を塗った。少しでも皮膚に触れればその人は必ず倒れる。
③始まりは酋長もなかったが、幕府が東夷の乱れを鎮護するために安藤太《あんどうた》という者を蝦

夷の管領とした。安藤太は昔安倍氏で悪事の高麿といった勇士の子孫である。安藤太の子孫に五郎三郎季久、太郎季長というのは父方のいとこである。嫡庶相論のことがあって合戦が数年に及んだので、両人を鎌倉に呼んで理非を裁決したところ、その留守の士卒が数千の夷賊を集めて、外浜内末部《うちまっぺ》・西浜折曾関《おりそせき》などの城郭を接して争った。二つの城は険阻な地と洪河を隔てるというものなので、どうしても雌雄を決することができない。それで、武将大軍を遣わして征伐するが凶徒はますます勢いがあり、一方の討っ手、宇都宮の家人紀清《きせい》両党（紀《き》氏と清原《きよはら》氏）の人々が多数命を落とした。

①の元亨正中年間より嘉暦年中に至る奥州騒乱の経緯を説明しているのが③である。つまり②の部分は、①の「東夷」や③の「東夷」「夷賊」についての説明である。一三二〇年代のこの奥州騒乱は、エゾの反乱と表現されていた。

伝統的な蝦夷観

この文脈からみると、②の部分の蝦夷が千島の描写は絵詞が書かれた一四世紀半ばのことではない。時期のわからないこの部分の表現は、これまで述べてきた古代からの蝦夷の表現に依拠していることは容易に見て取ることができる。「公超の霧をなす術」というのは後漢の張楷《ちょうかい》、字は公超という人が、道術を好み、五里四方に霧をふらすことができたという故事である（梅原・高橋・一九八四）。「隠形」

は一三世紀後半の『沙石集』巻第七の二〇「天狗ノ人ニ真言教タル事」では、奥州へ修行に行った真言師が山中の堂に宿したとき「オソロシサニ隠形《おんぎよう》ノ印ヲ結テ」とある。自己の身体を他人の肉眼に見えないようにする法で、密教では摩利支天《まりしてん》の真言を唱えて隠形の印契《いんげい》を結ぶ（『日本古典文学大系』）。

渡　党

②にみえる渡党とは、奥羽地方の蝦夷が渡っていった集団であると解釈されている。もともと奥羽にいたので日本の文明に同化され、他の蝦夷とは異なる者とみなされて、実体はアイヌであると考えられた（金田一・一九一四、喜田・一九一六）。

渡党という名称は、「党」といっているところに注目すべきであろう。榎森進氏は『渡党』と『党』なる語彙を使って表現しているのも、彼等が単にアイヌ民族のみならず、武士的な和人をも含めたものとして構成されていたからなのではなかろうか」としている（松前町史編集室・一九八四）。武士の党は、鎌倉時代後期から現れる武士団の一種であるから、党と表現されるということは、和人の武士が含まれることが推測できる。しかし、党はたんに仲間を意味するわけではない。明石一紀氏は党に関する諸説のうち瀬野精一郎説をふまえて、武士団の身分的な差に由来すると考えている。由緒正しい先祖をもつ高家《こうけ》に対する、そのような先祖をもたず、家を形成しない武士団であるという（明石・一九九七）。渡党は本州で和人と交易しており、現地では実体のある集団である。それを蝦夷として現実ばなれした描写に置き換える作用を担っているのは何であろうか。党についての説をふまえれば、彼らは北奥の武士社会の秩序においては差別された集団と考えられる。古代以来、国家の領域より北の武力をもつ集団は蝦夷であり、そこに、出自は和人であっても蝦夷として粉飾されて記録される理由があるのではないだろうか。

　党という表現についてはさらに、傀儡《くぐつ》が党を形成していることにふれておきたい。平安時代の大江匡房《おおえのまさふさ》による漢文の作品『傀儡子記《くぐつき》』に書かれている人形遣い傀儡子の生活は、「住居を定めず家なく、フェルトを張り巡らした天幕式の住居で、水草を追って移動する。ひじょうに北狄の風俗に似ている」とあり中国の正史にある匈奴《きょうど》の生活と同じ記述であって、明確に「北狄之俗」と表現している。そして、美濃《みの》・参川《みかわ》（三河）・遠江《とおとうみ》などの党が豪貴であるなど、数ヵ国の党のランクづけを行なっている。渡党とは、一定の地域を移動するという共通性がある。さらに男性は弓馬を使い狩猟を行ない、種々の演戯幻術を行なうことによって生計を立てているとする。傀儡子に対する表現は、『本朝無題詩』巻二の傀儡子の詩に受け継がれた。藤原忠通《ただみち》の「万里之間、居も尚新たにす」をはじめ、すべての詩に移動生活を送るという表現が含まれている。なかでも注目したいのは、藤原基俊《もととし》の詩に「秋月に関を出で遠城に赴くに傀儡の群至りて」とあり、前に記した和歌の蝦夷観と共通する表現になっていることである。さらに、中尊寺供養願文の作者である藤原敦光《あつみつ》も傀儡の詩作に名を連ねている。これらの漢文の作品に見える「北狄」の居所を定めぬという非公民的性格、狩猟を行なう非農業民の性格、幻術を施すという性格は、前に記した漢文作品の毛人と粛慎についての表現と同様であることが思い出されるであろう。平安時代の都の感覚での蝦夷・北狄・匈奴・傀儡という連想は、中世の蝦夷史料にも影響を及ぼしている。

日の本

「日の本《もと》」は東方を意味すると考えられるから、北海道東海岸に住むアイヌをさすのであろうか。そして「日の本」と区別される「唐子」は、樺太を通じ大陸文化の影響を受けている北海道西海岸づたいのアイヌをさすのであろうか（海保・一九八七）。しかし、一五世紀になってから、若狭《わかさ》国の羽賀寺（福井県小浜市）を復興した安倍（安藤）康季は「奥州十三湊《とさみなと》日之本将軍」と称された（羽賀寺縁起）。また説経節『山椒太夫《さんしょうだゆう》』では厨子《ずし》王の父岩城判官正氏が「国を申さば、奥州、日の本の将軍、岩城の判官、正氏殿にて」といわれていた。日本の領域を示す「東日下、南熊野之道、西鎮西、北佐土嶋」という表現もある（『今堀日吉神社文書』にある「後白河天皇宣旨」という偽文書。網野・一九九三）。これらのヒノモトは奥州と同義であり、もし一四世紀の『諏訪大明神絵詞』の日の本が北海道の東部を示すとすると、一五世紀になってから安藤氏の活動範囲である津軽や道南、さらにはより南の本州日本海地域まで、日の本が南に戻って拡大することになる。この矛盾を解決するために、日の本はもともと太陽が昇る東のその果てという漠然とした意味であるから、指す地域が一定しないのも当然であると考えるのは、日の本の歴史的な意味を矮小化してしまうだろう。安藤氏は指す地域が一定しない「日の本」将軍を名乗ったのではなく、説経『山椒太夫』を育んだ日本海の海運に携わる人々の認識にも、日の本の共通理解があったと考えるべきではないだろうか。

ヒノモトはエゾ一般をさすと理解するほうが矛盾がない。伝統的な蝦夷観によるエゾのことであり、実体とは係わりなく「蝦夷が千島」の住民のことをそう表現したにすぎないのではないだろうか。唐子とは特に中国的な風俗を見て取れた部分をそう表現したのであって、ヒノモトと唐子が実体として別々の集団であることを語ってはいない。その後、日の本は蝦夷観をひきずりながら地域的に限定されるようになった。戦国期には東北北部から道南の名称であって、幕藩制成立以後はまったく使われなくなるが（海保・一九八四）、その事情は、幕藩制成立によってエゾの位置づけが確立され、日の本という名称の使用価値がなくなったからと考えられる。

続・蝦夷が千島

『諏訪大明神絵詞』の史料的評価のポイントは、「蝦夷が千島」という表現である。鎌倉期には、北海道をさして夷島という表現がでてくる。それは、それまでの「渡島」的表現とは異なり、北海道の直接的な把握をもとにした中世国家の領域観のあらわれである。ところが南北朝期の『絵詞』に、夷島という表現ではなくて「蝦夷が千島」という名称が使われているのであって、表現が後戻りしている。「えぞがちしま」というのはすでに述べたように一二世紀中ごろにあり、「みちのく」や津軽がその範囲に入っている。軍記物にも、一三世紀初めの成立という『保元物語』の「東は阿古流や津軽・俘囚が千嶋（俘囚をエゾと読ませている）」、『平家物語』の「夷《えぞ》か栖《すむ》なる千島」などにある。『絵詞』の「蝦夷が千島」もこの流れの中にあると考えられる。したがって、『絵詞』が「蝦夷が千島」という名称を使っていることは、その蝦夷の記事を「現状報告」として過大評価することはできないことを示している。三類が三百三十三島に群居し、ていねいにも残りの一島まで足して千島という数にあわせているのを見ても北海道の状況（渡島半島は別にして）を正確に語る史料であるとはうけとれない。

蝦夷記事の情報源は「元亨正中ノ頃ヨリカ暦年中に至ルマテ」の騒乱のとき幕府の命令で参戦した武士の実見報告（海保・一九九六）なのであろうか。しかし、「蝦夷が千島」と表現していることは、古典的表現、古典的蝦夷観の表出にほかならない。つまり実見報告がありながらそれが徹底されない記述であることになる。

夷千島王

文明十四年（一四八二）、足利義政の使者に同行して「夷千島王遐叉」と名乗る人物の使者「宮内卿」が、朝鮮国王に奉書を持参し大蔵経を求めた（『成宗実録』）。朝鮮国に対する大蔵経の求めはあちこちから多く、奉書によれば、夷千島国は西辺で朝鮮辺境の野老浦と接しているので野老浦が朝鮮王に反逆した際には征伐できると売り込んで、わが国にぜひと懇願した。「夷千島王」は架空の称号である。この遣使の問題については高橋公明・海保嶺夫・村井章介を始め、多くの論者が北方の支配者を想定し（高橋・一九八一、海保・一九八四、村井・一九八八）、長節子による研究史の詳細な検討と自身の研究がある（長・二〇〇二）。

「夷千島」は「えぞがちしま」のことであろうから、これまで見てきたように「えぞがちしま」という表現に注目するならば、安藤氏が「夷千島王」を自称することもその名で偽使を設定することも考えにくい。「夷島王」を使うことはありうるかもしれないが、「夷千島王」とは名乗らないのではないだろうか。いかにも都風の感覚であり、エゾが朝鮮の端と接しているという地理認識も特異な知識ではなかったのである。

諏訪信仰と芸能民

諏訪社は鹿食免《かじきめん》という札と鹿食箸を信者に配る。これは信州の土地柄に基づく、殺生を認める特異な信仰である。諏訪神社にまつわる鹿猟の信仰は、殺生と弓矢の術を接点として狩猟民と武士の生業とに深くかかわっていた。諏訪神社の祭式では、軍事的な身分の武士が流鏑馬《やぶさめ》などの神事を奉仕し、漂泊の芸能の徒に祭式で用いた衣装を贈与した（桜井・一九七五）。このような諏訪社の縁起絵詞のもとになったのは、諏訪社にまつわる諏訪信仰の世界にいる山伏や巫女、芸能民たちが唱導する精神世界のなかの蝦夷のイメージではなかっただろうか。

『神道集』巻四、「諏訪大明神五月会事」（一三五一～六〇年ごろ）では、帝から鬼婆国の官那羅という鬼王の征伐を命じられた満清将軍を助けたのが熱田明神と諏訪明神であったという。この物語には、帝に命じられて東夷征伐に赴くヤマトタケルの面影がある。帝は光孝天皇として語られているが、光孝天皇は傀儡にとっては始祖であるという伝承がある。傀儡は東国の伝承を担い、武士との関係も密接であった（桜井・一九七六、千葉・一九六九、筑土・一九六六）。

『諏訪大明神絵詞』は、広範な諏訪信仰を、円忠の歴史観によってまとめた縁起として構成されている史料である。その歴史観の性格は正統的、公的な歴史観であり、蝦夷関連の記述は国家を守護した軍神の物語の一四世紀の到達点である。それが古代以来の伝統的なイメージにもとづいているところに、蝦夷観の歴史的性格がある。『絵詞』はアイヌの実体を著したのではなく、蝦夷観の歴史的な流れにおいて突出したものではない。しかし、中世国家の論理（正統イデオロギー）と民衆の物語世界が併存する（斉藤・一九九四）という性格も『諏訪大明神絵詞』にみてとることはできる。資料が少ないので民衆の蝦夷観については知ることがむずかしいが、次節以降、だんだんとみえてくることもある。

描かれた蝦夷

「聖徳太子絵伝」の展開

鎌倉末から江戸時代にわたって武家に伝わった絵巻形式のもので現在五例があり、寺院の布教活動によって広まった掛幅形式の「聖徳太子絵伝」は、室町までのものでも約四〇点が知られている（小倉・一九七二、菊竹・一九七三）。長い期間にわたって作られつづけたのである。描かれた太子の事跡場面の数は絵伝によって取捨選択されて異なっているが、一〇世紀以降はすべての絵伝に太子一〇歳の蝦夷鎮撫の場面は描かれていたらしい。

中世の法隆寺での絵解きは興福寺僧実叡による『建久御巡礼記』（建久二年〈一一九一〉）に、広隆寺太子堂の絵解きは『玉蘂《ぎょくずい》』承久三年（一二二一）正月二十六日に、頂法寺六角堂のは『康富記』文安四年（一四四七）五月九日、十三日に記されている。中世公家社会の太子伝への関心は『親長卿記《ちかなが》』『実隆公記《さねたか》』にもみえる。『蔗軒日録《しょけんにちろく》』文明十六年（一四八四）六月十四日条、『証如上人日記』天文二十二年（一五五三）二月二十二日条などにもあり、太子絵伝に対して知識階層が興味をもっていたことが知られる。

蝦夷の図

蝦夷の図像はたいへん興味深いものである。現存するなかで前述の障子絵伝の次に古く鎌倉末期の作品と考えられているのは東京国立博物館蔵献納宝物（図4）である。第一幅に白馬に乗った太子と背後に蘇我蝦夷がいて、従者二人が賜禄の布をもち、座る蝦夷四人が描かれている。蝦夷の髪のカールの表現は、仏教画にみえる八大童子や鬼神の頭髪と類似している（図5）。描かれた蝦夷像は、たとえじっさいにアイヌに会った人からの伝聞情報があったとしても、写生でないかぎり画家のもっているイメージによって描かれるのであり、そのイメージがどこから生まれるかを考えると、絵から実像を汲み取るには慎重な検討が必要であろう。

上宮寺本

元亨元年（一三二一）に制作された茨城県那珂市浄土真宗上宮寺蔵の絵巻一巻（図6）では、第五段に跪《ひざまず》き合掌する蝦夷四人、別の場所で歩く姿の蝦夷二人が描かれている。この絵巻は『拾遺古徳伝《しゅういことくでん》』とともに本願寺第一一世顕如（一五

図4　献納宝物聖徳太子絵伝
（東京国立博物館蔵）

四三〜九二）から下賜されたもので、多くの記録に載っており、東国の真宗門徒に注目されていた。真宗系の絵伝の各場面の基本をなしたものかもしれない（百橋・一九八九）。しかし絵巻という形式は壁画や障子絵、掛幅とちがって公開はされにくく、いちどに大勢の眼に触れることはないので、布教の手段ではなく、高級僧侶階層の趣味の対象であったと考えられている（上田・菊竹・一九六九、菊竹・一九七三）。『諏訪大明神縁起絵

図５　役行者前後鬼・八大童子像（輪王寺蔵）

図６　聖徳太子絵伝（上宮寺絵巻，複製本）

巻』と同じ性質である。この蝦夷像は蒙古的要素がかなり強く反映し、一六世紀初めの土佐光信による『清水寺縁起』（図8）では、坂上田村麿に征伐された蝦夷の図が獣じみて描かれている。一三世紀末の『蒙古襲来絵詞』の絵（図7）に典拠をもつ姿となっている（佐々木・一九九二）。エゾ像の系統のひとつがこの絵巻に現れているのかもしれない。鳥

図7　蒙古襲来絵詞（宮内庁三の丸尚蔵館蔵）

図8　清水寺縁起（東京国立博物館蔵）

図9　聖徳太子絵伝（堂本家本）

居龍蔵はこの絵巻をアイヌ研究の資料として紹介し、『諏訪大明神絵詞』の絵を補えるものとした。そして図像にアイヌの実態をみようとした（鳥居・一九二六）。しかし、おそらく絵の系統が違う。「蒙古」的な蝦夷のイメージというひとつのパターンを示している。

堂本家所蔵本

堂本家本の絵伝は元亨四年（一三二四）に詞書が書写され、絵はその数年前に写されたという。武器を持たないで跪く蝦夷二人が描かれている（図9）。佐々木はこの蝦夷像がアイヌ的な特徴を著しく増しており、まさしくアイヌそのものであるといってよく、『諏訪大明神絵詞』の絵を補えるものとする（佐々木・一九七二）。図像の解釈については、なんともいえない。

この作品はもと徳川家の所蔵で、伝写関係にあるものが四国松山藩主久松家にあったりすることから、江戸時代の高級武家階層における聖徳太子信仰のありかたをみる資料になるといわれている（菊竹・一九七三）。そのなかにこのような蝦夷像を伴っていたのであった。

蝦夷図像の由来

このように、太子絵伝は太子ゆかりの寺や真宗の古刹に伝えられている。「親鸞聖人絵伝」は、真宗において公認された制作であり絵師集団の活躍が確認されるが、「聖徳太子絵伝」は未公認であり規制を受けない個性的な要素

図10　聖徳太子絵伝（本證寺蔵）
元亨期か遅くとも鎌倉期中に描かれた．本證寺は愛知県安城市にある浄土真宗大谷派の寺院で，真宗系絵伝の典型である．前列に拝む蝦夷坐る7人，立って向こう向き3人の蝦夷が描かれているが，注目されるのは羽の差し出し物が描かれていることである．後述の「正法輪蔵」では三輪大明神に祈り，白馬を駆って虚空を駈けた太子に，蝦夷の大将軍たちが羽根を奉って助命を請うことになっている．

図11　聖徳太子絵伝（四天王寺蔵）
元亨3年（1323）に描かれた．この年は聖徳太子700年忌にあたる．描いたのは一乗院絵所松南座の絵師遠江法橋平政之．蝦夷5人が描かれていて，弓と矢筒を背負っている．

図12　聖徳太子絵伝（白山神社蔵）
南北朝．坐る蝦夷5人，立つ蝦夷5人（マント状の布を掛ける），羽の献納品なし．本證寺本と同様の絵．

図13　聖徳太子絵伝（鶴林寺蔵）
鎌倉末期から南北朝．天台宗の鶴林寺は播磨の法隆寺とも呼ばれ，聖徳太子信仰の盛んな当時栄えた．坐って合掌する蝦夷３人，突き刺され逃げる蝦夷１人，向こう向き３人．合戦の場面で，矛弓をもつ．

図14　聖徳太子絵伝（メトロポリタン美術館蔵）

があるという。本證寺本（図10）で代表される真宗系絵伝の図柄の元になった先行する絵伝や図像の系譜ははっきりしない。しかし、真宗系太子絵伝の根本本は四天王寺絵所《えどころ》に相伝されていた図像であったかもしれず、四天王寺は絵伝の制作や流布にも関与していたと想像されるという（朝賀・一九九二、一九九四）。「聖徳太子絵伝」の蝦夷像は自由に描か

図15　聖徳太子絵伝（頂法寺六角堂蔵）
室町前期．坐る蝦夷3人，弓・刀・鉢巻きをする．伝暦の詞書がある．『康富記』文安4年（1447）5月に六角堂の遷座にあたり，花山院持忠の邸宅に運び込まれた太子絵伝を見たことが記されている．天台宗系．

図16　聖徳太子絵伝（談山神社蔵）
室町中期以降．第１幅に，坐る蝦夷３人，弓引く蝦夷１人，石を持ち上げる蝦夷１人，インド風の姿．天台系．観音正寺本にも同様の図がある．

れたと考えられるが、絵は絵の世界の論理で絵師たちの組織の制約や伝統のもとで継承されていった。

「聖徳太子絵伝」全体は、事績を時系列と無関係に配した古様と時系列に沿った新様があり、その変化の背景には絵解きの対象が貴族層から庶民へ変化したことがあると考えられている。鎌倉末期には絵を鑑賞する貴族層向けに四季絵としての絵伝も制作された。東京国立博物館献納宝物本がそれにあたる（菊竹・一九七〇）。このことによって蝦夷の描かれ方を検討してみる必要もありそうである。

図17　聖徳太子絵伝（広隆寺蔵）
室町初期．坐る蝦夷２人，砦に弓引く蝦夷１人，他に２人，頭上に石をさしあげる蝦夷１人（力士）．『日本の美術』91号には，広隆寺で絵解きが行なわれていた記録が紹介されている（菊竹・1973）．

蝦夷の図像は蝦夷の実像であるとはいえないのであり、蝦夷のイメージを表現したものとしかいえない。このようなイメージこそが、蝦夷という言葉の実体であるということができる。

聖徳太子伝記の蝦夷観

四天王寺では、東国で起きた平将門の乱に際して朝廷による調伏《ちょうぶく》修法《ずほう》が行なわれた（『貞信公記』天慶三年〈九四〇〉正月二十二日条）。なぜ四天王寺なのかというと、『聖徳太子伝暦』などにみられる、蘇我氏と物部氏の戦争での四天王の加護と太子の活躍などの伝承が、当時の平安貴族の間では常識となっていて、将門の乱という国家的危機に遭遇したときただちに想起されたからという（田中・一九八三）。文永・弘安期には元寇退散の修法や参詣も行なわれた。そしてこの寺では鎌倉時代末期の文保年間（一三一七～一九年）を中心とした十数年間にわたり、「聖徳太子絵伝」の台本としての太子伝記が形成された。それらは総称して「文保太子伝」といわれている。

文保本聖徳太子伝

形成された原本の写本は、起請文をだした一人のみが所有した秘伝であった。四天王寺絵所は、中世を通じて太子伝記類の相伝、秘事口伝の管理を行なっていたと考えられる（小山・一九八六、一九八七）。

文保元年に成立した『正法輪蔵《しょうぼうりんぞう》』と題される太子伝記もある。これの諸写本のなかには、たとえば「太子ただ一人白き御馬に召して夷が城へ打ち向かせたまいける御体是なり」という文言があって、絵解きの台本であることが示されている。

やがて、太子絵伝と太子伝記はばらばらに発展していった。また、太子絵伝に真宗系のグループと南都絵所系のグループ、それらに属さないものとがあるように、太子伝も、四天王寺で醸成された伝承からなるものと、南都の伝承圏で成立したものとがあるらしく複雑である。真宗の寺院に伝わる絵解きの台本には、同じく真宗寺院に伝わる絵伝と一対として伝わるものはない。絵伝は図像やその配置といった造形的な伝統や系譜の上に成り立つのに対し、絵解きの台本は絵解き僧が基本となるテキストに、どのような口誦的粉飾と芸能化を加えることも可能であった（百橋・一九八九）。

さらに、それらには中世の学問の表れとしてあらたな要素が付け加わっていく面と、限られた僧の相伝から巷間の絵解き僧へ広がるなかで増幅していく面がある。そのなかで、太子が東夷を鎮撫した物語（太子十歳条）は、中世のエゾ観と深く結びついて形成されていったと考えられる。「文保本太子伝」は高野山宝寿院蔵本（一四七五～七六年の写本）、日光輪王寺天海蔵本（一四五五年の写本で最古）、醍醐寺所蔵本がある。増補されてゆき、多くの写本が存在するが（阿部・一九七一、牧野・一九八三ab、一九八四、一九八九、徳田・一九八四）、長禄四年（一四六〇）権少僧都俊慶が書写した醍醐寺所蔵『聖徳太子伝記』と、これと異なる本文を持つ別系統のものとして万徳寺蔵『聖徳太子伝』をとりあげたい。おもしろいので太子十歳条を全文紹介したいのだが、たいへん長い。省略しながら少しずつ分けて記すことにする。

蝦夷戦記

まず、醍醐寺所蔵『聖徳太子伝記』の十歳条を紹介する。これは『聖徳太子伝暦』にもとづきながら中世の戦記物に書き換えられたものといえる（今堀・一九八二）。引用部分は表記を変えるが、原文のままである（藤原猶雪編『聖徳太子全集』第三巻、龍吟社、一九四四年所収）。この条は太子十歳の春二月、太子の予言どおりに東夷が王位を奪うために攻めてきたという記述で始まる。「そもそも、かの東夷が本国は吾朝より東北鬼門の方に相当て漫々たる大海の中に有り、一千三十有余の島国、これを夷千《エゾカ》島と名づく也、かの千島荒夷共に四人の大将軍有り、数千万億の軍兵を召具して責登る也」と、島の数が増えているのがおもしろい。エゾの数は異常に多い。

大勢なので、先陣が大和に到着しても後陣は奥州を出ない。帝の下問に対し、小野妹子が疎開を勧め、自らは籠城して戦うと答える。帝は三種の神器を携え、公卿女官たちを引き連れて大和国稲淵山に疎開する。そこで東夷鎮圧のため神術を尽くすことを要請された太子は「彼夷共が形は鬼神に同じく力用自在也、或は矢さきは毒を塗り侍れば、かの毒の矢に中《あた》る者の千万人が中《うち》一人も助かり難き者也、或は霧をふらして城を隠すさまざまの軍《いくさ》の秘術あり」と言い、軍兵一〇〇万騎でも叶わない、強いて戦えば罪業の基であり、実に進退きわまったと嘆くが、神力により仁恕《じんじょ》をもって解決することを申し出る。太子は蘇我大臣を連れて三輪神社に祈念し、騎馬で空を駆け岩を割る神変をあらわすと夷軍は神明が現れたと恐れる。副将軍たちは岩を投げたり毒矢を放ったりするが降らした霧も晴れてしまい、太子の神力に進退極まる。太子が弓箭《きゆうせん》の力用を知らしめると、夷は降参する。

『諏訪大明神絵詞』と共通する文面にも気づかれたであろう。中世国家は混乱の原因を蝦夷の叛乱に求め、その鎮圧の功績は神仏の効験とした。国家の敵として復活した蝦夷は鬼神夜叉のイメージであるが、それは漠然としたイメージしかもたなかったということではなく、中世国家にとっての蝦夷問題の思想が鬼神夜叉の姿をとらせたのである。

鬼神と非人

つづいて、降参した四人の大将軍は城中を出て、太子の前に跪いて合掌して「願わくば命を助け給え」と言い、秘蔵している鷲の羽、切符・中黒・妻黒・天面・遠霞・村雲などという名羽を太子の前に差し出した。彼らの有様は、色は黒く髪は赤くてけっして人間ではない。日本より廻船の人がもってきた綾錦《あやにしき》などを衣裳とし、虎の皮、水豹《あざらし》の皮などを腰に巻き、その威儀を調えてはいたが、さながら鬼神のようで気味が悪く恐ろしかったとある。また、前にもあったが後の記述にも、太子が副将軍に向って「汝等が形は鬼神に同じく、また鬼神の力用有り」という文言もある。蝦夷を鬼神と表現することは、弘仁六年（八一五）に完成した古代氏族の祖先・系譜を記した『新撰《しんせん》姓氏録《しょうじろく》』に、「孫吉備武彦命、景行天皇の御世、東方に遣わされ、毛人及び鬼神を伐つ」（右京皇別下廬原公条）とある。すでに九世紀はじめにはみられるのである。この『新撰姓氏録』は古典的な表現である「毛人」を使った文献として追加しておかなくてはならない。なお、『性霊集』が奥州のエゾを毛人と表現していることは前に記した。

降伏の場面は絵伝に描かれ、鬼のような姿の絵と非人のような姿の絵がある（図9、14など）。『性霊集』には毛人のことを「羅刹《らせつ》のたぐい」「非人のともがら」という。

晦とも靡《な》く明とも靡く、山谷に遊ぶ。羅刹《らせつ》のたぐいにして非人の儔《ともがら》なり。時々、人の村里に来往して千万の人と牛とを殺食す。馬を走らしめ、刀を弄《もてあそ》ぶこと、電《いなずま》の撃つが如し。弓を彎《ひ》き、箭《や》を飛ばす、誰か敢えて囚《とら》えん。苦しきかな、辺人常に毒を被って歳々年々に常に喫《くら》わるる愁いあり。（中略）毛人面縛して城辺に側《そば》だてり。

中世の太子絵伝の蝦夷図像に中世の非人像を思わせるものがあるのはひとつのパターンとなっている。中世村落において絵解きをしながら太子信仰を広めていったのは勧進聖《かんじんひじり》であった。太子信仰は旧仏教のなかにあっては神仏に結縁して浄土往生を遂げることができない下級の僧侶の浄土信仰であったという。非人とよばれる別所・三昧衆《さんまいしゅう》の信仰でもあった（林・一九八〇）。蝦夷は鬼神と非人両者とシンクロナイズしている。

菊珍童

太子が四人の大将軍に自分の名と副将軍の名、兵の数を言えというと、夷どもは異口同音に名乗ろうとする。太子はそれをとどめて「吾已《すで》にこれを知る、明らかに説きて汝等に聞かせん、四人の大将軍の交名、一に綾糟、二に魁帥、三に飛雲、四に走雲と云えり、副将軍の名字は夜叉神童、菊珍童と云えり、召具す所の千島の伴類の夷員は三億六万八千七百三十余人也」と言うと、「実に日本の神明にておわす」と深く感じ入った。

この副将軍の菊珍童という名は菊慈童と関連する。菊慈童は周の穆《ぼく》王の侍童であったが、王の枕をまたいで流罪に処せられ、菊の露を飲んで不老不死となった（伊藤・一九八〇）。慈童説話の形成は、中世の天皇即位儀礼と密接な関係にあるというが（阿部・一九八三）、ここに瞬間的にしか現れていない菊珍童という名前は、蝦夷が王権にとってどれほど強い観念に彩られているかを示すものとして覚えておく価値があるだろう。

絵伝を絵解きするときの台本であったとみなせる本には、ヤマトタケルが草薙《くさなぎ》の剣で東夷を滅ぼすことが出てくる。蝦夷はそれを怨み、王位を簒奪しようと攻めて来る設定なのであるが、結局は王権の境界で王権を守護する役割を担わされているとみるべきであろう。菊慈童が蝦夷の名に使われることは、蝦夷を取り込んでこそ即位が成り立つという構造を含んでいると考えられるからである。

このあとは、太子が蝦夷に攻め来たった所存を尋ね、日本が神国であることを説く。夷が三輪大明神に誓うと、太子は夷に禄物を賜わった。

『風土記』の地名起源伝承

太子が現わした神明では、エゾが投げた岩を鞭で当てて七回虚空に投げ上げてから西に投げた岩が飛んで行ったのが、播磨の投石浦《なげいしうら》であるという。また「有伝に云」として、次の記事がある。「太子が石を取って遠くに投げると、その石は雷のように空中を巡っていって、三つに割れて播磨の国と奥州と三河の国まで行って落ちた。今にイワネという里がある。その石の勢《ようす》は六七間の屋のようであった、太子神変不思議を現し、夷共は大いに恐怖して逃げ還った。あまりに怖《おじ》けたので腹ばいして逃げた所を、今に〝はいばらの嶺《みね》〟という、大和国宇多《うだ》郡にある」という、榛原《はいばら》の地名起源の話になっている。

『陸奥国風土記（逸文）』にこのような古老の伝承がある。「昔、この地に八人の土蜘蛛《つちぐも》がいた。一を黒鷲といい、二を神衣媛《かむみぞひめ》といい、三を草野灰《かやのはい》といい、四を保々吉灰《ほほきはい》といい、五を阿邪爾那媛《あざになひめ》といい、六を栲猪《たくい》といい、七を神石萱《かむいしかや》といい、八を狭磯名《さしな》という」と（読みは『日本古典文学大系』による）。土蜘蛛は開拓に入った古老の先祖にとっての先住民のことである。日本武尊《やまとたける》が景行《けいこう》天皇の命で征伐したとき、「土蜘蛛は津軽の蝦夷にひそかに通じて、こんなに多くの猪鹿弓・猪鹿矢を石の防塁に連ね張って、官兵を射たので、官兵は進むことができない。日本武尊は槻弓《つきゆみ》・槻矢を執り執りして、七発発し、八発発すれば射貫き、たちどころに倒した」といい、「その矢が落下したところを矢着という。即ち正倉有り（神亀三年字を八槻《やつき》と改む）」と記す。八槻郷の地名起源説話としてまとめられている。太子伝記は八世紀の古風土記の記述も反映しているように思える。

万徳寺蔵『聖徳太子伝』

万徳寺蔵の『聖徳太子伝』は寛正三年（一四六二）、四天王寺の芹田坊に伝わった秘本を元泰という沙弥が書写した（渡辺・一九八〇）。醍醐寺本とは別系統のもので、蝦夷の戦の秘術には、霧を降らして城を隠すほかに、毒鼓・薬鼓という、鼓を打つことが加わっている。西国へ逃れた人々は兵糧が尽きたが川の水も渇して飲めず、合戦のために死すやら飢渇のために亡ぶやらで天下は乱れた。蘇我大臣と守屋連らは秘術をめぐらして山田の城戸峯に七つの谷を築き、籠めて海のように水を湛《たた》えた。上には浮橋を構えた。敵がここに押し寄せようとしたときに、構えておいた金巣（網のことか）を放って凶徒を池の底に沈めようと池底には剣菱を植えた。城の木戸には石の扉と鉄の逆木を引違え、色々の軍旗を立て並べ、氏々の官箭は秩序を整えて容赦なく激しく防いだが、凶夷は雲霞の如く攻め入ったので七つの谷の池は凶徒が沈んで陸地となった。そうしている間に、官兵共は弱く氷のような白釼を手にもち甲の月を傾け梓の弓に矢をつがえる事は希であった。

降伏した副将軍は「己が命と共に惜しむ鷲の名羽季立・中黒・妻黒・天面・遠霞・村雲なんどと申す名羽をば貫ね集めて頸に懸侍るを太子の御前に備え置きて命と等しき財を奉る、助け給え、と歎じ申す」となっている。この場面は絵伝に描かれている。

交易品

蝦夷の絹の衣装は、日本からの廻船が持ってきたという。また、虎皮、アザラシ皮（醍醐寺本）、「䍜皮（コッヒ）」「浅嵐し」（アザラシ）の皮を腰に巻いているという（万徳寺本）。鷲の羽と海獣の皮の記述があることがおもしろい。交易品だとすれば平泉藤原氏の活動が思い起こされる。平安時代、藤原氏は都の貴族である荘園領主に年貢としてアザラシ皮を送っていた。アザラシ皮の出所がどこであるかは不明だが、聖徳太子伝記の蝦夷には北方交易の相手としての像が投影していることはたしかである。しかし、虎皮は鬼の定番の衣装である。覚什本という写本では「獺皮、海豹（アザラシ）、とゞの皮」（渡邉・一九八九）となっている。「䍜」はトラであるが、コッヒは近世にはアザラシの雌という理解もある（『松前蝦夷記』）。品物としてしか知らない人々には獣皮が何の動物であるかは曖昧であった。鷲羽は蝦夷の宝物であって、それを服従の印として差し出すということが重要なのである。蝦夷は宝物をもつ鬼であった。

内閣文庫本

諸本では、降伏し助命された蝦夷は起請文を奉じ、その後東夷が日本に来ることがないのは太子の御恩であると述べられて終わる。しかし内閣文庫本にはそのつづきがある。

中ごろ、夷島の地頭で安頭太郎左衛門尉という武士が蝦夷島から夷を一人鎌倉へ召具して年来下人としていた。その夷は見かけや言葉は異なっていたが、おなじく召し使われていた女房ふたりに恋をして忘れる暇もなく、自分の寝床に帰って独り言に「一ク二クサスノミ二リク一クサスノミ」と口ずさんで泣く泣く横になっていた。あるとき都から儒者が一人、公家の使節として関東に下向し、安頭殿を尋ねて来て終夜物語した。その下人の夷が臥所《ふしど》で女房たちの事を思って件の口ずさみをした。儒者は「面白いことがあるものだ。国がちがえば言葉も違うが思うところが通じるのは同じであろうか。夷の詞に一二三を連ねるには一チク二リク三アイク四ニカタ五トエン六トヘタ七カナン八ツフリ九チチリ十チンと数える。一首の歌である。ひとりしてふたりを思う身なれどもふたりがひとり思わざるらん、という歌だ。サスノミという詞は思うという意味である」といった。安頭殿はそれを聞いて「面白いことだなあ。あなたが下向されなければどうしてその意味を知っただろうか」といって、やがて召仕っていた女房を夷に与えたと聞く。

この挿話の安頭という名字は、蝦夷管領安藤氏の存在を下敷きにしているのであろうが、鎌倉に居住していることになっている。

醍醐寺所蔵本には蝦夷の言葉についての記述はないが、瑞泉寺大谷支院吉沢師蔵本では、「夷共異口同音に申す言にワタヤワタワタ〳〵ワタヤワタヤワタラン」という記述があり、これを太子が「やまとなる石根の石のあらんほどわが王君のみこと忘れじ」と訳したことになっている。万徳寺本でのエゾの言葉は「ヲウ〳〵ハイシヤムツケイカンイシツマシヤ〳〵イシマシマシマセハ」「サクテンクルヤ〳〵ハリシテンカイナキンヤホウ」とあり、太子もこの調子の言葉を使ってエゾとやりとりしている。『東大寺諷誦文稿《ふじゅもんこう》』に「毛人の方言」のことがあったが、太子はどのような異言語でも理解するのである。内閣文庫本のエゾの言葉については次の段にも記されている（後に記す）。これらの言葉はまったくアイヌ語とは結びつかない。

蝦夷の言葉

このような聖徳太子伝記のなかの蝦夷の言葉とは関係なく、僧たちの学問のなかにエゾの言葉についての意識はあったのではないかと想像できる。宗教とエゾ・アイヌとのかかわりは、古代以来の仏教との関連ではおもに穢れ観や身分や教化、一六世紀以降のキリスト教との関連では来日宣教師が西欧にもたらした知識や近代のアイヌに対する教育、アイヌ研究に果たした役割など接点が多いが、ともあれ言語の問題は仏教僧が先駆的に記録しているといえよう。

太子伝と義経伝説

内閣文庫本と叡山文庫本には、義経と蝦夷が結び付けられた段がつづいている。

九郎判官が鞍馬寺から奥州に下り、秀衡入道に会った。入道は義経の顔を見て末頼もしく思い、最愛の息女と結婚させせようと思ったがまだ幼少なので、ほかの女性に心を移さないように女房を一人もおかず、蝦夷嶋《エスシマ》から女を一人連れてきて義経に仕えさせた。ただし、蝦夷に二流あり、浜之党、嶋之党という。この女は嶋之党であったので嶋先御前と呼んでいた。この女の姿は髪を二つに分けて角巻というかたちに空へ高く巻き上げて、白粉を円く所々に付け、眉は極めて黒く太く、まるで化け物であった。そのため義経もはじめは恐がっていたが、姿にも似ず心は正直であることがわかった。勤めも丁寧であった。義経は化粧のために容貌を損なっていると思って、嶋先御前を呼んで「化粧をここの娘たちに習いなさい」といって顔を洗わせ鉄漿《おはぐろ》をさせて美しく化粧させ、衣装も着飾らせた。そのように義経が嶋先御前を気にかけて暮らしていると、秀衡は義経に対して嶋先御前を中傷し、明日は島に帰すと聞いた嶋先御前は一首の歌を詠んだ。それは「サスリ〳〵キサスリキサスリサスリ　ササラキ」で、日本詞では「来春は緑に見えし山の端のやがて紅葉になるぞ悲しき」という歌であった。御前が島から連れてこられたのは春の終わりであったがもみじの時期となり、月夜に涙して、暇を告げるのが哀れであったと。

叡山文庫本にも、夷女の名を嶋御前として化粧を変えるところまで記されている。この段は蝦夷という接点によって付された物語なのであろう。秀衡が義経の面貌を見て感嘆する場面は、古活字本『平治物語』と関係し、御前の和歌は『塵荊鈔《じんけいしょう》』第四に「来シ時ハ緑ニ見ヘシ山ノ端ノ紅葉ニ皈《かえ》ル穐《あき》ソ哀キ」とあるという（徳田・一九八四）。義経とエゾの組み合わせは、絵伝の蝦夷像とともに御伽草子『御曹子島渡』にうけつがれる。中世の蝦夷観を知るには聖徳太子伝記を見る必要があり、蝦夷観は絵解きや注釈談義の世界で肥大していくことがわかるのである。

中世蝦夷像を広めた者たち

前に記したように、絵解きをしながら太子信仰を広めていったのは、勧進聖であった。蝦夷像は旅をする勧進聖によって村落の人々にも知られるようになっていったと思われる（林・一九八〇）。

蝦夷の大将軍の名は、綾糟・魁師・飛雲・走雲であった。室町時代以降に隆盛を見た説経『百合若』では、主人公の百合若大臣が蒙古征伐を命じられる。

今度の、むくりが大将は、りやうざうと、くはすい、とぶくもと、はしるくも、かれ四人が、大将にて、四万そうの舟ともに、おほくのむくりが、とりのつて、おめきさけんで、こぐほどに、筑紫の博多へ、ふねをつけ、ほうくはをあげ、太鼓を内、毒の矢をはなし、せめ人とこそ、聞えけれ

と蒙古の大将の名として語られ、幸若舞でも舞われた（『説経正本集』第二、角川書店、一九七八年）。「りやうさう」は『日本書紀』にも記された蝦夷の首領、綾糟の音読みである。蝦夷と蒙古との同一視は元寇という経験の後だからと考えられるが、粛慎、靺鞨に結びついた蝦夷観の延長線上にあるともいえる。

中世における日本の領域の北進や北方交易の進展はさらにエゾについての物語を生み、それは口承文芸の担い手によって広められていったことが、前に述べた『諏訪大明神絵詞』をめぐる考察と合わせて、推測できる。宗教者がエゾについての資料を蓄えていた可能性を先に記したが、遊行する宗教者が口承文芸の担い手であり、それはアイヌ口承文芸の形成にも影響を与えた可能性も考えられる。これまで金田一京助（『金田一京助全集』第一二巻、三省堂、一九九三年所収の諸論稿）や菊池勇夫（『幕藩体制と蝦夷地』雄山閣出版、一九八四年、第一部第四章）、大林太良（『北方の民族と文化』山川出版社、一九九一年、第五章）などで言及されているが、じつはそれ以上に密接なものがあるにちがいない。逆に、和人

の蝦夷観が実体のアイヌに働きかけ、アイヌ文化がそれをわがものとした部分があるように思える。

近世の蝦夷観

近世の聖徳太子伝

寛文六年の聖徳太子伝

寛文六年（一六六六）に版本となった『聖徳太子伝』は、平仮名混じりで書かれ、漢字には振り仮名がつけられている。庶民に広く読まれるようになったことが想像できる。十歳条は「千島夷合戦之事」と題され、中世の醍醐寺本などとほぼ同じで独特の記述はない（高橋・一九六九）。図は八場面が挿入されているのであるが、夷の砦の図、東夷降伏の図などで蝦夷を描いている。「夷」と書いた旗を立てた騎馬の蝦夷や、帽子状のかぶりものや甲をつけたり、鎧をまといながら羽や毛皮も身につけた蝦夷が描かれていて、露頭の者は短髪で頭頂部を剃っている（図18）。寛文六年といえば、シャクシャインの蜂起とよばれるアイヌの大規模な戦いの起きる三年前で

図18　寛文6年版『聖徳太子伝』

ある。

『聖徳太子伝図絵』の蝦夷

さらに、文化元年（一八〇四）に『聖徳太子伝図絵』が出版された。編者によれば、聖徳太子の伝記を子供たちのために絵に描いたものだが、わかりにくいので言葉を足したものという。巻之四に「大毛人綾糟来伏の事おおえぞあやかすかうさんのこと」と題された十歳条があり、中世の太子伝記類にはみられなかった興味深い記述が加えられている。文章はむずかしくないためそのまま、表記のみ現代風に変えて引用する。

そもそも蝦夷の地は皇国陸奥国より東北の方に当り、この国の人鼻の下の鬚長く、その形蝦《えび》という魚の状に似たればとてえみしと云えり。しは語の助なり。又蝦魚をもむかしはえみと云えり。それが後の世に至りてえびと誤りとなえたるものなり。是に依て蝦夷の国もむかしはえみしといいしが、それを後にえびすと唱え、また誤りえぞといえるなり。さてこの国は皇国とは海を隔て一種の夷地にて、今の蝦夷島といふ是なり。其性はなはだ勇悍にして、土地に五穀を生ずる事なく、地方北に当たり、蝦夷の北は直に韃靼国なり。また女真国オランカイへも通ぜりとかや。これによりて秋の半ばより冷気おこり、厳寒指を落とすがごとく、故に五穀みのらず国人みな身を文《とどろ》かし、

図19　『聖徳太子伝図絵』

穴を穿って其中に住めり。いまも家居ある事なく、鳥獣魚鼈《ぎょべつ》の肉を食とし、むかしは鳥獣の毛をもって衣とせり。今はあつしという木の皮を織りて衣とす。親子兄弟を別たず交合し、また諸の鳥獣をとるに弓をもって射とり、弓は竹を彎《たわ》めて弦をはり、竹を削り炒り堅めて鏃《やじり》とし、其鋒に附子《ぶす》という毒薬をつけて射るとなり。彼竹の鏃のたぐいなれども、毒気はなはだしきにより、熊猪の如き猛獣も毒に当りて忽ち倒れざるはなし。古歌に「あさましや千しまのえぞがつくるなる毒気の矢にぞひまはもるなれ」とも詠みたれば、いとむかしより毒箭《どくや》をはなつと見えたり。幼稚の時より弓射ることを常の産とすれば、百たび発して百たびあたり、譬《い》わば鷦鷯《みそさざい》の如き小鳥といえども、蝦夷が鏃をさしむけては射損ずる事なく、力量すぐれて強く、皇国の人百人を以て蝦夷一人にあたるといえり。

当時はすでに蝦夷地の情報がもたらされていた。えぞはアイヌ民族のことであり、毛人をえぞと読ませている。図は一場面しかないが、蝦夷像はこれまでとまったく異なっている（太子側もまったく変化している）。匍匐礼《ほふくれい》の蝦夷七名が、異なる衣服で描かれていることは興味深い（図19）。ここに書かれている蝦夷の民俗誌は、このあとに記す近世の蝦夷観にもとづいた一般教養であるといえるが、子供向けの教育的書物として出版された蝦夷像であることが重要なのである。

シャクシャイン戦争記録の蝦夷観

シャクシャイン戦争

寛文九年（一六六九）に、蝦夷地で大規模なアイヌの蜂起が起こった。当時の記録では「寛文の蝦夷の乱」のような表現であり、近代以降では「シャクシャインの乱」と呼ばれていたが、「乱」では家臣の反乱とみなされてアイヌ民族の位置づけとして正しい表現ではないため、現在ではシャクシャイン戦争とかシャクシャインの蜂起と呼ばれている。シャクシャイン（シャムシャインとも）は、この蜂起のリーダーであるアイヌの名前である。シャクシャイン戦争は、もともとは松前藩の蝦夷地経営の問題を原因としたアイヌどうしの紛争であった。

それが時間的にも空間的にも大規模になって、松前藩を相手にした民族戦争へと転化し、幕府も介入する大事件へと発展したために、当時の日本人のシャクシャイン戦争への関心は高く、それまでに比べてアイヌについての多くの記録が残されることになった。それらの文献には「蝦夷」と書かれているが、アイヌ民族を指すことが確実で、実際の見聞にもとづいた情報源からの記述が含まれている。

なかでも、宝永七年（一七一〇）松宮観山が、蝦夷通詞勘右衛門の談話を筆記した『蝦夷談筆記』（『庶民生活資料集成』第四巻）は写本も多く、流布していた本である。松宮観山は軍学者で、蝦夷通詞はアイヌ語の通訳である。

『蝦夷談筆記』

この『蝦夷談筆記』下巻に見えるシャクシャインやオニビシといったアイヌ首長の描写は、非常に背が高く屈強で「力量人に越え、軽捷の術を得て巌石を伝ひ、高き所をもをどりこえ、飛鳥の如くにて候」とか「元来の軽業の大力なれば、大勢の中を飛び越え、はね越え」たという。戦いの描写としては、アイヌ軍は松前軍の鉄砲に倒れるのだが、「ことごとく死骸を引取り隠すため、首をば一つも取れない」「トド（海獣）などの如く飛入飛入、水中をくぐり川伝に逃去り、一人も見えない」といい、和人はアイヌに対して「おのれら狐狸の属《やから》にて、勿体なくも松前家へ敵対申さんとす。（中略）おのれらが類、髭のある奴原をば火に入り、水に隠るるとも尽く尋ね出し、子々孫々まで一人も残さず打殺すべき思召にて」、「已等が放つ所の一矢、人間に立か立ぬか爰《ここ》を射て見よ」と叫ぶのである。「人間」とは、アイヌを「狐狸」と称するのに対する和人の自称であった。

蝦夷が助命のために宝を差し出すという態度の描写も見える。「命をだに助りなばとて千品のツクノヒ（賠償品）を城中より取寄せ、浜辺に積ませおき候。エモシツポウ（短刀）、くわさき（兜の飾り）、エモシ（刀）、タンネエムシ（長刀）、つば（刀の鍔）等の彼国にての宝とするところのものなり」。これらは、やや講談調の語りになっているところもあり、また、戦の物語としては、蝦夷が相手だからということで特徴的なものになっているとまではいえないかもしれない。しかし、江戸時代のアイヌに関する記録には類型的な表現がある。

蝦夷記事の系譜

シャクシャイン戦争以前、アイヌの蜂起にはコシャマイン戦争（一四五六～五八）があった。コシャマイン戦争に関する文献は一七世紀に松前藩の正史としてまとめられた『新羅之記録』（『新北海道史』第七巻）がほぼ唯一である。『新羅之記録』にはその後つぎつぎに起きたアイヌ蜂起の記事も書かれているが詳しくない。『蝦夷談筆記』のような記述の前には、『奥羽永慶軍記《おううえいけいぐんき》』（一六八九年自序）がある（『改訂　史籍集覧』八、一九〇一年）。天正十九年（一五九一）の九戸《くのへ》政実《まさざね》の乱に「松前志摩守ハ蝦夷三百人ニ毒矢ヲ持タセ催シ来ル其体深目長髭ニシテ物ノ具ノヤウ殊ノ外モノモノシケニソ見エニケル」、「爰ニ又松前ヨリ渡リシ蝦夷ドモ馬ニ乗事ハ成ラサレトモ苔滑カナル荊棘生茂リタル梢ヲ伝ヘ飛行事猿猴《えんこう》ノ業モカクヤラン無類不思議ノ生類ナリ」（巻二二）とある。

さらにさかのぼると、『氏郷記《うじさとき》』（『改定　史籍集覧』下、一七世紀前半）に「此時毒矢ヲ射サセントテ、夷人ヲ少々被召連《めしつれられ》、彼等皆頭ニ半弓ヲハメ、矢ハ箙《えびら》ニ負ヘリ。其形ハ人間ニテ身ニハ残所モナク、毛生《はえ》恐シ気ナル風情ニテサナカラ牛ニ異ナラス」と書かれている。

これらの表現の淵源は『平家物語』覚一本（一五〇七年）に求めることができる。「鬼界が島（中略）自から人はあれども、此土の人にも似ず。色黒うして牛の如し。身には頻《しきり》に毛生つつ、言詞も聞知らず。男は烏帽子もせず、女は髪もさげざりけり」とある。

さらにさかのぼれば、『八幡愚童訓』（一四世紀初頭）が文永の役の記事に「蒙古の大将軍ト覚敷者長七尺計ノ大男、鬚は臍ノ辺ニ生下」（『日本思想大系』二〇）と記し、『蝦夷談筆記』は、「シャグセン（シャクシャインのこと）は年八十斗《ばかり》、形甚大にして、尋常の人を二、三人一つに致したる程の躰《てい》にて候」とか「シャグセンをばずたずたに切り候得ば、常の人とは変わりて、肉の厚さ数寸有之《これあり》候由」という。賊としては大鬼のイメージだが、武将としては豪傑のイメージともいえる。

毒矢

毒矢に注目するならば、長承元年（一一三二）藤原顕輔《あきすけ》の詠歌「あさましや千島のえぞの作るなるとくきの矢こそひまは漏るなれ」について、文治三年（一一八七）『袖中抄』の著者顕昭が「とくきのやとは、おくのえびすは、鳥の羽のくきに、附子と云毒をぬりて」と解説したのを初めとして（毒木の矢と解釈するものもある）、『八幡愚童訓』に「蒙古が矢は、短しといえども、矢の根に毒を塗りたれば、中《あた》る程の者毒気に負けずという事なし」とある。その後、『氏郷記』や『奥羽永慶軍記』などにもうけ継がれることは見たとおりである。

毒矢は蝦夷の特徴として注目された。アイヌが狩猟に毒矢を使用するのは文化として事実であるが、淡々とした事実の認識ではなく、そこには未開とか魔の世界に通じるような見方がともなっていたのではないだろうか。

『蝦夷談筆記』の毒の記述は「鏃に毒を付置くという。毒のつくりかたは蜘蛛ととうがらしを合わせて用いる。その毒消はにんにくと鉛を混ぜて塗るそうである。また毒の当たった所を刃物でえぐり取り、跡へその薬を付るのもよい。毒で肉が爛《ただ》れているので、えぐり取っても少しも痛くない。毒は一寸ほどより深くは入らないものであるそうだ」という

図20　蝦夷の信仰（1892年，アイヌ民族博物館蔵）

ことで、伊勢貞丈《さだたけ》『安斎随筆』（天明）に「蝦夷人ノ矢ノ根に、毒をヌリて射る、其毒は蕃椒《ばんしょう》、蜘蛛、附子此三品也。此毒にあたりたる時は、大蒜《にんにく》をすり、鉛をまぜて付る、毒解する事妙也、毒の所は、肉をエグリとりて薬を付る」（後編一五）とうけつがれた。

義経入夷譚

義経入夷譚というのは、源義経が衣川《ころもがわ》で自刃したのではなく蝦夷地に渡り、武威によりエゾを帰伏させた話である。そのような物語は、寛文期には江戸で知識人や学者の考証によって書物に書かれはじめ、元禄期以降には広く民衆に流布していった。

義経入夷譚は、それ以前にあった御伽草子の『御曹子島渡り』が牛若丸の事跡として語られるのと異なり、義経の衣川後の事跡である。大衆文学として流行したこの物語のモチーフは蝦夷征伐譚であり、あきらかにシャクシャイン戦争を契機に、騒動を起こした蝦夷の秩序化を意図する中央の政治的意図から始まった（菊池・一九八四）。たしかに義経入夷譚は蝦夷征伐ではあるが、蝦夷との軍物語《いくさ》ではなく、義経は蝦夷を助けた神となっている。菊池もいうように異国である蝦夷地でも尊崇されていて蝦夷地は神仙境のように書かれているし、蝦夷は酒呑《しゆてん》童子のように描写されている。義経入夷譚は、シャクシャイン戦争をきっかけに「蝦夷」や「蝦夷が千島」のことが江戸や大坂の知識人の関心の表面に浮上したことを示すといえるが、蝦夷征伐を主題としたというより、蝦夷地や蝦夷を空想の世界に仕立てた物語である。

したがって、上記のような文献においては、シャクシャイン戦争の情報がもたらした蝦夷観は、中世の蝦夷観と質的に異なるものだったとはいえない。

東方観の伝統

「蝦夷が千島」の東漸

歴史上、「えぞが住む」といわれた地域は、時代がくだるにしたがって、より東方へ動いていった。「蝦夷が千島」は平安末からの古い言葉で、文学的表現であった。近世でも古典的に蝦夷が住む地として使われる言葉で、一七世紀後半には西鶴『一目玉鉾《ひとめたまぼこ》』などにみられるように一般的には北海道も含まれていた（浅倉・一九九〇）。その後、たとえば一九世紀初めの近藤重蔵『辺要分界図考《へんようぶんかいずこう》』では、東海ウルップ島より前路、シモシリ島よりカムサスカ地方に至る迄、凡《およそ》十余島（島みな丑寅に流る）、世の所謂《いわゆる》千島にして、蝦夷人之を称してチュプカと云《いう》として、千島が北海道を含まなくなってきており、未知の地域であった奥地の列島が千島ということになってきている。明治二年（一九六九）、北海道の名が決まって、最終的にクナシリ、エトロフが千島国となった。

メナシの東漸

寛政元年（一七八九）に国後島《くなしり》とその対岸の地で起こった事件はクナシリ・メナシの蜂起あるいは戦いとよばれる。メナシはアイヌ語で東という意味で（もちろん磁石の指す方角ではない）、もとは固有の地名ではなかった。メナシという言葉で指す地域は、より東へ遷っていった。

シャクシャインはシビチャリ（現在の新ひだか町静内）に本拠地があったアイヌであるが、メナシクル（メナシの人）と呼ばれていた。一九世紀はじめ、シビチャリからポロイズミ（幌泉）までがメナシュンクル（東のもの）、ビロウ（広尾）からネムロ領辺までがシ・メナシュンクル（奥東）であった（上原熊次郎『蝦夷地名考幷里程記』）。相対的な東西の区分であったから重層的にあったメナシが、だんだんと奥地にまで適用され、明治二年の目梨郡設置で固有名詞となり、近代には「千島」とともに日本の東端に到達して固定化した。

近世になれば、蝦夷地というのは北海道島のことで、厳密には松前地を除いた領域を指すようになる。松前藩にとってメナシは古代国家の〃みちのく〃にあたる。エゾガシマの奥地、すなわち道東についての認識は、中世の京にはほとんどなかったと思われるが、一五世紀前半には京でラッコ皮が知られていた。室町幕府の五代将軍足利義量《よしかず》に安藤陸奥守がラッコ皮を贈ったのである（『後鑑《のちかがみ》』応永三十年〈一四二三〉四月七日条）。安藤氏ならでは手に入れがたい北方の高価な貴重品であっただろう。また、天正五年（一五七七）には安藤（秋田）愛季《ちかすえ》も織田信長に「浪虎皮《らっこのかわ》」一〇枚を贈った（盛本・一九九七）。

メナシとラッコ皮

聖徳太子伝記のなかで、蝦夷の衣服に獺皮（覚什本）があった。ラッコは海獺とも表記される。獺はふつうカワウソを指すが、エゾにむすびつく、北方の産物として、ラッコ皮であったかもしれない。聖徳太子伝記がもしラッコ皮を記していたのなら、この珍品の初出記事は一〇〇年ほど遡ることになるかもしれない。それはともかく、ラッコ皮の産地は道東もしくは千島列島であり、交易に携わった道南の和人には、行ったことはなくとも道東、千島列島の情報は届いていてもふしぎはない。しかしこの時期には、北海道東部の具体的な地名がまったく記録されていない。

アンジェリスの情報

シチリア島出身のイエズス会宣教師アンジェリス（一五六八〜一六二三）は一六一八年と二一年にひそかに松前に渡り、報告書を作成した。宣教師の報告書に、エゾのことはそれ以前にも伝聞により断片的に書かれたものはあるが、アンジェリスは実際に北海道に行き、その報告は世界にエゾの情報を広めることになった。ここから西欧におけるエゾ・アイヌ観の歴史が始まる。一六一八年の第一蝦夷報告と一六二一年の第二蝦夷報告には、毎年東部のメナシ（ミナシとも）から松前に乾燥した鮭《さけ》と鰊《にしん》とともに多量のラッコ皮をもってくること、ラッコ皮をもってくるのはメナシからの舟だけであることが書かれている（H・チースリク編『北方探検記』吉川弘文館、一九六二年）。ところがメナシの具体的な地名はまったく出てこない。

『新羅之記録』によれば、元和元年（一六一五）六月に、松前に「東隅」の夷船数十艘が来て「酋長螺羅稀阿犬」（ニシラケアイヌ）はラッコ皮数十枚を持ってきた。「東隅」とは、「東方の国」の意味であり、メナシのことであると考えられるが、固有名詞としての地名ではないところをみると、東方であるということが強く認識されているといえる。

次に一七世紀中ごろ、田名部（青森県むつ市）に交易にやってきた目無《めなし》、妻無之《めなし》の「狄《えぞ》」がラッコ皮をもたらしている（『南部藩雑書』寛永二十一年〈一六四四〉七月二十一日条・同年八月一日条・同年八月二十一日条）。このように一七世紀のメナシはラッコと結びついて史料にみえる。ラッコ皮をもたらすことがメナシに対する和人の認識の性格を規定していたといえるのである。というのは、ラッコ皮は一七世紀前半までは松前氏にとってはメナシからの朝貢の品であって、単に高価で珍しい品というだけでない意味を持っていた。アイヌとの交易によってしか手に入らないラッコ皮は松前藩の夷狄支配の象徴であったととらえることができる（児島・一九九四）。

メナシのアイヌ

メナシのもうひとつの特徴は、武力によって闘争する剛強な集団とされていることである。一八世紀以降、「すべて東蝦夷は剛強にしてややもすれば松前の令をないがしろにせり。キイタップ、アツケシ、クスリのあたりはわけて取扱むずかしきとなり。去々年もキイタップに事ありて去年は商船行事をやめられたり」（坂倉源次郎『北海随筆』）とかアッケシやクスリのアイヌは「心悪シ」「悪キヱソノ心息」といわれている（「蝦夷《えぞ》商賈《しょうこ》聞書《ききがき》」）。

古代では、国家の形成過程で東方への軍事活動が重要な意味をもち、征夷政策は古代国家の完成をめざして行なわれていた。エゾは天皇を中心とする秩序の中に位置づけられる存在であり、古代にくらべて中世には政治的な面で史料に現れることがほとんどなくなる。

図21　イコトイ像
（蠣崎波響「御味方蝦夷之図」より，函館市中央図書館蔵）

しかし、東を意味する日の本という名称は、東方観の歴史的な名称である。日の本という名称はエゾが東方にいればこそ、それを支配する者が使う名称として意味がある。エゾがいる東方は、和人の政治支配の進展によってより遠い奥地に進んでいき、富をもたらす交易品の産地もより遠くになっていった。松前藩にとってメナシ地方はラッコ皮に象徴されるような藩主の東夷支配を示す場所であった。クナシリ・メナシの戦いで松前藩側が功を認めた首長たちを城下に呼び描いた「夷酋列像《いしゅうれつぞう》」が豪華なサンタン服やロシアふうの毛皮の服をまとっている姿は、古代以来の毛人、魁師といった東夷観が現れているといえるだろう。

『山海経』的エゾ観への回帰

秋田に生まれ医師として八戸に居住していた安藤昌益《しょうえき》は、儒学的な華夷意識をひっくりかえして未開＝自然の本源的社会こそ人間らしい営みだととらえた（菊池・一九九四）。その思想の柱の〝自然〟に関してアイヌについてもふれていた。一七五二年の著『統道真伝《とうどうしんでん》』の「万国巻」には次のように書かれている。

東夷国は日本より北、海上僅かに十里を隔て松前の島が有る。これより北方、陸続きの五百余里が東夷の地である。その気行は世界の北端であるので、大山がいくつも重なってひじょうに地が厚く、寒気が甚しい。五穀の類はみのらず、大河が数々流れて大木が茂り木の実や菓実が生《な》る。河に魚が上り魚と菓の精が凝結して、夷人が生じる。ゆえに常に菓を食べ、そして鮭魚を食う。日本人は船を通じて米と穀を魚と交易し、魚を積んで来る。そのため、時折は米穀の食を得るが常には菓魚のみ食すのである。

奥遠の北方は船の往来が無いので、まだ菓魚のみ食べている。山重なり沢遠く、夷地の北方は世界の端であって、それ以上国嶋はない。猛獣が生じて熊猪が多い。冬はこれを狩って肉を食す。木の皮を採り織物にしてこれを着る。これは夷地のならわしである。熊皮、猪皮、木皮の織物、干鮭、木彫の細工の器、碧色の小石丸、これはその地の小虫の巣である。これらの類は夷地の産物である。その人柄は身長七、八尺あるいは六尺、松前に近いあたりでは五尺位、猿の目の色で人相は荒々しい。夫婦の愛念は深く長寿である。その心ばえは拙くて金銀の通用が無いので「欲、貯、憤、奢、邪、巧」がなく上下の支配が無い。故に戦争や奪い奪われる乱世も無い。松前の方から収奪することがなければ欲深くなることもないが収奪があれば蜂起がある。これは夷人だけの罪ではない。聖釈の偽教妄説は無い。故に欲心が無い。金銀を与えれば、之を投じて用ることが無い。学問文字のつくり事は無く、其の心は直廉である。言語は、至って退気の地なので、言い重ねて数々語ることが無い。日本人を見ればシャモと云う。是れは這《シャ》はヲカシ、（モ）はヒョンナモノと云うことである。夫人《ヲノコ》を夫人《ピルカ》といい、女子《ヲナコ》を女子《メノコシ》という。

金銀の通用のなさや、上下の支配のないことによる理想郷のイメージを〝自然世〟という。

安藤昌益が蝦夷を独自の思想で解釈したものといえる。アイヌのことは「夷人」になっている。表現からみれば、アイヌへの関心自体は『山海経《せんがいきよう》』的世界への回帰といえるのではないだろうか。昌益の思想のなかに踏み込むことはできないが、引用した文章については、蝦夷観という点からみれば、西欧の「高貴なる野蛮人」的アイヌ観（クライナー・一九九九）と近縁のものであり、現代の先住民族文化観にもつながる普遍性をみることができるように思われる。

『和漢三才図会』と蝦夷観

正徳二年（一七一二）、蝦夷地の商業的情報の集積地大坂で医師寺島良安《てらしまりようあん》によって編まれた百科事典である『和漢三才図会《わかんさんさいずえ》』は一〇三巻「異国人物」と六二巻「蝦夷の島」で蝦夷関連知識が披瀝されている。刊行されたので、時間をかけてある程度流布したもののようである。古代からの類型的な記述に加え、民族誌的な新知見があるかと思えば、類型的な記述に対して医師らしい見解を付け加えている部分もある。

たとえば、素足で走って足音なく高い木に登り、険しい山を走り、泳ぎ、身の軽いことは鳥のようであり獣のようであるといい、その理由は塩や味噌を食べないからだと推測している。エゾの絵も載せられている（佐々木・一九九二）。安藤昌益は『和漢三才図会』の影響を受けていたという（萱沼・一九九六）。

享保五年（一七二〇）には新井白石による『蝦夷志』が著され、幕府関係者による最初の蝦夷地誌として注目される。後に幕吏による東蝦夷地調査の報告書が『蝦夷拾遺』（佐藤玄六郎著）と名づけられたのはその補遺を意味していたという。近世には実際に蝦夷地に赴き、アイヌと接した記録のなかの蝦夷像にも古代以来の残像が見られる。最上徳内《もがみとくない》や村上島之丞《しまのじょう》・松浦武四郎《たけしろう》というような蝦夷に関する知の権威とみなされるような人々の著作は、アイヌの実像に近づいたことが評価されるが、外から書かれた民族誌というものは、植民地の原住民に対するまなざしが影響するものである。

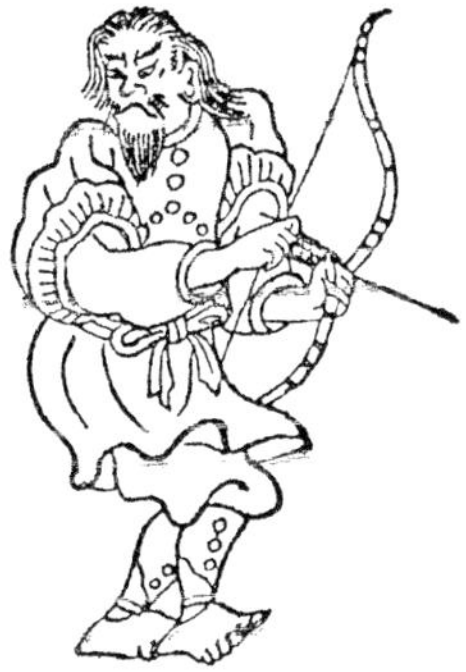

図22 『和漢三才図会』のエゾ

それらがどの程度巷間に流布したものか、あるいは巷間に出回らなくても、識者の間には知られた文献であったのか、少なくとも蝦夷地支配のための参考文献であったのか、そのようなことはよくわからない。エゾ像がどの程度一般的であったのか、それは大事なことに思えるが、現在でも古いアイヌ観が生きていることを考えれば、まずはどのようなアイヌ像があったのかを明らかにすることが必要であろう。そしてそのアイヌ像がどのようにして広まりを見せてゆくのかが問われる。幕末にかけて、蝦夷地やアイヌについての情報が必要になってゆくが、参考文献として写されて広がってゆく文献には限りがあり、新しいはずの蝦夷情報は案外ステレオタイプなものである。

エミシの復活

前述したように、エミシということばは八世紀に古語となっていた。中世における膨大な和歌のなかにもエミシは詠まれていない。しかし、

国学者の蝦夷観

近世の国学者の著作から、エミシは再び現れるようになる。エミシとエゾに意味上の差はなく、語数の都合上や言い換えのためにどちらも同じように使われている。古代のエゾも当時のエゾも同列になっていて、エミシとの言い換えが縦横無尽になされている。幕末の攘夷思想において西洋人がエミシと呼ばれた。たとえば「嘉永七年正月元日、此の春は亜《ア》墨《メ》理《リ》加《カ》の賊来るよし女童《めわらべ》どものいひ騒ぐを聞きて、えみし等を討ち平げて勝鬨《かちどき》の声をあげそめむ春は来にけり」(『平賀元義《もとよし》集』寛政十二～慶応元年)というふうにである。ペリー

の来航について国学者たちがエミシとうたったのは、「東方から来た賊」であったからなのだ。

賀茂真淵の関心

エミシとエゾを同一視した表現はまず賀茂真淵《かものまぶち》にみえる。延享三年（一七四六）作の『翁家集《おうかしゅう》』巻之二には四首の長歌と短歌が載っている。長いので全文の引用は省くが、真淵のその長歌の特徴は、樺太《からふと》での交易を歌っていること、アイヌの暮らしを賛美するアイヌ観をみせていることである。

此しまの　北にさかれ（離）るまかちぐに（靺鞨国）　そがあはひなる　ことさやぐからふとじまに　けものもち　魚もて行けば　わたど（海隣）なる　まかちの人は青玉も　きぬももて来て　かひかへて　かよふとすれど　まかち人えぞへしもこずえぞ人も　まかちはゆかず　あるこそは　よろしかりけれ　しかれども　まかちの人も　えみしらが　なつくをみては　かくばかり　かしこきくにと　日の本の　やまとのくにを　あふがざらめや

青玉や絹を持ち、北海道には来ないで樺太に来る靺鞨人《まかちびと》とは、山丹人《さんたん》（黒竜江下流の民族）のことである。

かしこきや　かもひをまつり（島人謂神為可母比）　父母を　したひたふとみ　つま子はも　め

ぐしうつくし　わか草の　人妻てへば　真言をも　おほにはとはず　もの食へば　友にあかたへ（頒）　酒飲めば　人にゆづらへ　何物もしるし（標）たつれ（建）ば　ぬすまへる　事もなかりき　ふみも見ず　言もかよはぬ　島わさへ　かくしもありて
神世なす　すなほにも有るか

「かもひ」とは、いうまでもなくアイヌ語のカムイ（神）である。賀茂真淵の蝦夷に関する知識は『県居雑録《あがたいざつろく》』によると、蝦夷地に七度も行った商人の貞好なる人物から得ており、門人の『加藤枝直《えなお》日記』によると自宅で「蝦夷之咄《はな》し」の会が催されていた。

本居宣長の蝦夷観

本居宣長は、明和四年（一七六七）ごろから三〇年かけて書きつづけた『古事記伝』において「蝦夷は、延美斯《エミシ》なり」と読みを示した。また、『蝦夷志』をはじめ諸書はその本国について詳細に書いたものがないので、詳しく記すという。その趣旨は「エミシの本国は蝦夷地であり、古代の東北地方のエミシは本国から渡ってきた者である。神武紀の歌謡の『愛瀰詩』は、八十梟師《やそたける》などの猛勇をエミシに譬《たと》えたものである。蝦夷は、皇国人とは形も心も何も甚しく異なる。本国から移住して内地で産んだ子も『蝦夷の子は、幾世経ても蝦夷』だから厳然と区別され、上代は、形は皇国人でも蝦夷の種であれば子孫も蝦夷、俘囚であったが、のちにその制もくずれた。皇国の婦人との結婚が三、四世つづけば、形も変わって終《つい》に皇国人の形に化す。上代には移来が自由にはできず本国の蝦夷との結婚はできにくかったので、おのずから絶えて、皆皇国人になった。これが、悉《ことごと》く殺したのでも、本国に追い返したのでもなく、陸奥・出羽の蝦夷が清く絶え果てた理由である。今の世にも南部と津軽に蝦夷という者がいささかいるというのは、別に、はるかのちに移来したものの子孫で、それも形など皇国人とそれほど異なっていない」というものである。また「蕣庵《しゅんあん》随筆」で、夷神《えびす》や夷講の由来に熊祭を考え、えびすという名も蝦夷から来たらしい、とする。『古事記伝』が古代史研究や国語研究に与えた影響は大きい。エミシという言葉は、蝦夷の読みとしてずっと存在しつづけたような錯覚を人々にもたらした。

のちの国学者はエミシとエゾという言葉のつながりを明らかにしなければならなくなった。その後、エミシの語源について考察したのが国学の系統に属す国語学者新村出《しんむらいずる》であったことも当然の流れであった。宣長は新井白石と同じように蝦夷＝アイヌ説をとっており、『古事記伝』では蝦夷の種は蝦夷、と人種論を述べている。『くず花』においても、あくまで異種類のものとし、儒学者の夷狄観とあまりちがわないという菊池勇夫の言及がある（菊池・一九九四）。

和夷同祖論

天明六年（一七八六）、幕府が派遣した蝦夷地の調査隊の報告書にみえる幕吏の蝦夷観は、

至りて正直なるものにて、一体徳化の行なわれざる地にござ候ゆえ、筋違いの事も多く候えども、おのずから、悲敬　仁愛　礼儀等も厚く、わけて女は真実に相見え、すべて神を信仰仕り候ところ、天神をカンドウカムイ、地神をトイカムイ、山神をキミタカムイ、海神をアツイカタカムイ、先祖をチセイカムイと唱え、一盃の酒を呑み候にも、イクバシと申し候ものをもち、まず右の神々へ供え、仏法は存知申さず、詞は甚だ異なることもござ候えども、その内古代の詞とあい聞こえ候儀もこれあり候ところ、一体開口あきらかならず候につき、容易には聞き合いがたく、男女とも乱髪にて、男はいたりて毛深く、女は歯を染めず、口の廻りを染め、手に入れ墨をいたしまかりあり候につき、異形《いぎょう》に相見え候らえども、何にても、日本人に相替わり候儀ござなく候。然るところ、右の通り、古来より御国風を移さず押しすくめ置き候は、全く商人ども売買仕り候に掠めやすきためと相見え（後略）（「蝦夷地一件」「蝦夷地の儀、是迄見分仕候趣申上候書付」）

というものであった。

本居宣長のアイヌ異種論に対し、この「日本人に相替わり候儀ござなく候」という認識は、アイヌ・日本人同祖論といえるが、最上徳内《もがみとくない》はこのとき調査隊に加わっていて「日本人種類の蝦夷人住居すれば、即ち日本の境内に疑いなし」（『蝦夷草紙』）という考えをもった。宣長は異種である蝦夷が住むところは皇国ではありえず、現に異国であると『古事記伝』で書いたが、徳内は、日本人と同種であるから、その居住地は日本の国内であるとした。アイヌ居住地が日本の国内、つまり領土であるかどうかは、その後ロシアとの国境画定交渉に重大な根拠をあたえることになるが、それは古代の阿倍比羅夫《あべのひらぶ》に遡る征夷による征服という行為で十分であった。蝦夷地政策にとって同祖でなくてもかまわないので、同祖論はアイヌ観の主流にはならなかった。

近代のアイヌ観

夷人から旧土人へ

アイヌを土人ということ

公文書では安政二年（一八五五）まではアイヌに蝦夷人・夷人・蝦人という名称が使われていたが、安政三年三月か四月には「土人」とされはじめた。土人は生来その土地に住んでいる人のこと、土着の人のことである。しかし、近代には「南洋の土人」というのは裸で暮らす非文明的な人間のイメージであり、「アフリカ土人」という言い方もあわせて、おそらくもうひとつの語義である「土人形」が茶色であることとイメージが同調して肌の色と結びついて使われた時代があった。菊池勇夫は、近世において土人という言葉は一般的に使われる言葉で、幕藩体制内の土地や外国の場合でも、生まれながらにしてその土地に住む地域住民を指して用いられ、それ自体野蛮や未開を意味する差別用語としての語感は希薄であって、アイヌを土人と称するようになった安政以前、本多利明や最上徳内がアイヌを「土人」と積極的に呼んでいるが、そのことはアイヌの地位を日本人同様に高からしめる、あるいは対等に扱うといった機能さえ持っていたと思われ、それはアイヌ・日本人同祖論者であることと関連していると示唆した（菊池・一九八四）。

しかし、土人は土着人の意味のときも、蔑称である。都の人については土人と言われることはない。土人は古代から使われている言葉であるが、『古事記』中巻に神倭伊波礼毘古命《かむやまといわれびこのみこと》（神武天皇）が高千穂宮から東行し、宇佐《うさ》（大分県）に至ったとき、その「土人、名はウサツヒコ、ウサツヒメ」の二人が足一騰《あしひとつあがり》の宮を作り、大御饗《おおみあえ》を献じた、という。土人は確かにその土地の人のことであるが、「土」は「地方」であり、支配下に入った（あるいはそれが予定されている）土地の人である。その後近世まで「土人」の用例は多いが、その土地の人＝土人を話題にする場合、主題は土地であって、土人の風俗をとりあげることによって土地の性格を語っている。「夷人」はどこにいても人物を指し、「土人」はある土地でそこの人間を指す。土地と人間との関係が風土として分かちがたいという認識は古代以来さまざまな『風土記《ふどき》』が証明している。土人は近代になって明らかな差別感をあらわすようになったのではなく、古代から差別のイデオロギーを内包する言葉であった。

土人になった意味

公式に蝦夷人から土人へ呼称が変更されたのは安政二年二月の蝦夷地直轄、三月の箱館開港の影響であった。松浦武四郎は安政以降にそれまで使っていた「夷人」から「土人」呼称を多用するようになった。安政二年に蝦夷地御用御雇に召し抱えられたので幕府の用語に従ったものと考えられる。

アイヌを土人と呼ぶようになった理由は、蝦夷地の内国化である。それは、領土という問題意識のなかで夷人という人間集団の思想的意義がうすれ、現実的に原住民は内国化したその土地に付属する存在となったことでもあった。だから、同化政策は夷人を徳化するのではなく日本の領土にふさわしい土人にすることになる。土人呼称は明治政府に受け継がれ、蝦夷地が北海道になったと同時に、エゾが公的には死語となった。このことは画期的なことであろう。

一八七二年（明治五）北海道開拓使が三八名のアイヌを東京の「開拓使仮学校付属北海道土人教育所」に強制就学させた。そのとき、次官黒田清隆が「元来北海土人之儀、容貌言語全く内国人とは異種之体をなし、従て風俗も陋習《ろうしゅう》を免れず。即今開拓盛挙の折柄、従前之醜風を脱し内地と共に開化之域に進み彼我之殊別なからしめ度《たく》」と理由を説明した。

北海道が蝦夷地ではなくなり、開拓されて開化の地となるので、その土着住民も開化していなくてはならない。この時期、アイヌにかかわる諸政策は北海道の内地化という意図が先行し、原住民のアイヌが国内の住民として異質さが目立たないようにすることが目的であった。

旧土人

近代のアイヌは土人となり、旧蝦夷人となった。一八七一年（明治四）に戸籍法が公布され、アイヌは平民とされたので日本人としての区別はなかった。建前では日本は天皇のもとに等しく統一された臣民であるので、もう他と区別する「土人」はいない。ところが一八七八年（明治十一）十一月、開拓使は調査などで区別するときは「旧土人ト相称スヘシ」という達《たつし》を出した。しかし旧土人という名称は公的に、遅くとも一八七〇年（明治三）には使われはじめている（明治三年二月根室支庁布達『布令類聚』上、三三二頁）。おそらくは教化策上、戸口調査に反映させるためと考えられるが、区別するときはかつての土人は「旧」土人とされねばならなかった。

一八九九年（明治三十二）北海道旧土人保護法が制定された。「アイヌ」とされないのは、「旧」にしろ「土人」であることに意味があったからである。法的に旧土人とされたことはアイヌに一〇〇年間の差別を与えた。一八七八年以降、ほとんどの公文書には「旧土人」が使用されるようになったものの、土人という名称も公私を問わずふつうに使われた。旧土人保護法関係法規には「土人保導委員設置規程」「土人救療規程」など「旧土人」の意味は政府にとっても認識されていなかった。だから一般的にも土人と旧土人の違いはほとんど認識されていないと思われる。

しかし、「旧幕臣」「旧植民地」のように、旧を付すことによって過去の立場を復活させるとともに、それ以上に「旧」であることに新たな価値が付加されるのである。つまり、「旧」何とかであったから現在こうなのだという論理のもとに使われ、「旧」をつけて過去が否定されているかのようにみえて、実は強調されているのである。「旧土人保護法」は差別法であったが、現在からみれば皮肉なことに、この名称は先住民族であることが明示されていたのである。

〝アイヌ〟の提示

一九世紀末、明治二十年代くらいから近代の「科学的」アイヌ観が登場する。近世には幕府直轄時に探検調査に赴いた幕吏やその一行の一員による蝦夷についての報告書や記録がつくられた。しかし、その蝦夷観は民衆に広く提示されたものとはいえない。近代には、近代の学問的知の導入にともなって、後発の植民地台湾の原住民提示と同時に人類学的な先住民観が形成され、一九〇三年の第五回内国勧業博覧会の場で、「人種」の優勝劣敗の見本として国民に見せられた（海保・一九九二）。滅びゆく先住民という知識は、少年少女にも雑誌『少年世界』『少女世界』を通じて広められていった。観光地、博覧会、博物館、書籍などにおけるアイヌの身体と文化は、近代日本の文明化の中で滅びゆく（旧）土人のものであった。そこに登場するアイヌ自身にとっては、現にアイヌがここに存在するという主張になったといえるが、近代日本にとっては、滅びゆく状態であり続けること、つまり（旧）土人であることがアイヌの価値であった。

古代蝦夷観との相似

近代のアイヌ政策は同化政策と言われる。同化の意味は「劣った」アイヌを「優れた」和人の文化に変化させることであった。殖民政策論において、植民地の住民は生物学的に劣勢であり、「進んでいる」日本は道義的に「遅れた」植民地住民を導く責任があるという、ある種の人道主義であったため、どのような信条の人々にも受け入れられた。反対に、民族感情を尊重し、独自の文化的アイデンティティを認めることを主張する分化主義も提唱された（ピーティー・一九九六）。同化主義は古代の蝦夷観を見てきた読者には既視感に襲われるものであろう。分化主義もまた、保護と言う名の一方的な価値観に行き着くので同化主義と表裏一体である。当時の人類学的研究に影響されて科学的な衣をまとっていたが、古代の蝦夷観と同様である。

しかし、古代国家にとっての蝦夷と異なり、近代日本のアイヌは国家にとって武力的脅威ではなかった。そのため、植民地政策論において、アイヌ政策が歴史的経験とは考えられなかった。やがて同化が完了したとみなされ、アイヌは国家から旧土人としての存在さえ無視されることになった。

現在のアイヌ観——エピローグ

求められる蝦夷・アイヌ像

蝦夷・アイヌ像は歴史的に変容しているが、時代を超越して不変の性格も備えている。古代から近世まで国家の危難における敵として記録されるいっぽうで、珍しく高価な産物をもたらす者というイメージもあった。彼らが実際にはどういう人々であるのかという探求は行なわれなかった。確かな情報は必要とされず、古代以来の蝦夷観がときどき引っ張り出されて利用された。蝦夷についての形質的、文化的な記述は夷狄観念に付随するものであり、近世になるとアイヌ文化と合致する記述がふえてくるが、だからといってその時期から時代をさかのぼってアイヌに結びつけるというわけにはいかない。

近代日本は、蝦夷を北海道旧土人として夷狄から日本国民にしたので、アイヌの位置は変化したが、蝦夷・アイヌ観の境界性はそのまま残った。現在のアイヌ観がこれまでと大きく異なるのは、人々のなかに広がりを見せていることである。かんたんには払拭されない蝦夷観が残っている状態で、かつて蝦夷と呼ばれた側にはそう呼ばれること（＝被差別的アイデンティティの強制）以外には蝦夷としての実体があるわけではないから、アイヌは対抗すべき相手の正体がわからないままに、自らの歴史をエゾからアイヌへという道筋で扱われている。

ヤマトに反抗するものとしての、アイヌイメージがある。蝦夷・アイヌに反逆者としての力強さや芸術的な価値を見出そうとする視線ということになり、歴史上そのような視線はいくつかの運動として現れていた。たとえば、アイヌ解放運動や民芸運動におけるアイヌ工芸品の見直しやアイヌ古式舞踊などの文化財認定などがあげられる。現在では、それらも歴史上の出来事のような印象で、アイヌ像はあらたに描きかえられている。自然と共生するアイヌ文化は素晴らしい、先祖の文化を受け継ごうと決心する若い世代の行動は感動的だというのが大多数のイメージになりつつある。それは日本政府によって権利を保障された文化享有、国際的に見出した連帯の場、先住民・自然環境・多様性などのキーワードによって守られているアイヌ像である。エコロジカルなアイヌ像が今最も氾濫している。しかし根本的には古代以来の蝦夷・アイヌ観と違わないのではないだろうか。

アイヌ文化振興法

一九九七年に施行されたアイヌ文化振興法は、アイヌ文化に「自然と共生する文化」という定義を与えた。そのもとになったのは一九九六年四月一日の「ウタリ対策のあり方に関する有識者懇談会報告書（答申）」である。そこには「アイヌ文化の特色」として「アイヌの人々は、川筋等の生活領域で、狩猟・採集・漁撈を中心とした生業を営む中で独特の文化を育んできた。アイヌ文化は自然とのかかわりが深い文化であり、現代に生きるアイヌの人々も自然との共生を自らのアイデンティティの重要な要素として位置付けている。（中略）アイヌ文化は歴史的遺産として貴重であるにとどまらず、これを現代に生かし、発展させることは、わが国の文化の多様さ、豊さの証《あかし》となるものであり、特に自然とのかかわりの中で育まれた豊かな知恵は、広く世界の人々が共有すべき財産であると思われる」とある。この文章はアイヌ文化振興法の条文に取り入れられたが、誰にでも受け入れられそうな平和な文章である。法文となったことにより、現在のアイヌ文化観はお墨付きを与えられ、「自然と共生するアイヌ文化」は「普及及び啓発」されることになった。

アイヌ文化振興法の下での「新しい施策の展開」として、イオルと呼ばれる事業がある。

イオル

ウタリ懇談会答申ではよみがえらせるべき「伝統的生活空間」に「自然と共生するアイヌの人々の知恵を生かした体験や交流の場、アイヌの人々の自然観に根差した工芸技術の伝承の場等を整備するとともに、その中での伝統工芸の材料の確保等が一定のルールの下に自由に行えるよう所要の配慮を行うことも検討されるべきである」という部分があった。それにもとづき、一九九九年にまず「伝統的生活空間基本構想委員会」が設置され、その基本構想を具体化するため二〇〇二年から「アイヌ文化振興等施策北海道会議」、二〇〇四年から「イオル再生等アイヌ文化伝承方策検討委員会」が設置され、諮問委員会を設置することで終了している。

この過程で「伝統的生活空間」のことがアイヌ語を使ってイオルと命名された。アイヌ語には表記法が定まっていないが、ローマ字表記すると**iwor**、カタカナではイウォロと書くのが発音に沿った表記としてアイヌ語学習の場では一般的である。にもかかわらず、アイヌ語という異言語を「わが国の文化」に位置づけるためには、違和感が少なくわかりやすい「イオル」という表記が妥当とされたのであろう。伝統的な生活の空間とは、自然に依存した食料や生活財の材料を入手できる環境がそこにあり、アイヌ文化の原風景といった趣の空間をさしているらしい。しかし、イウォロの原意は山の尾根と尾根の間（谷あい）のところのことで（田村すず子『アイヌ語沙流方言辞典』）、日常的な人間の空間ではなく、山奥の、カムイ（アイヌ語で神の意）の世界である。また、コタンの近くの川と川の間を指す場合や海にもあるが、それでもイウォロが指す空間は人間の領域ではない。イウォルンクル（イウォロの人・敬称）といえばヒグマのことであり、人間はクマと出会う（＝狩猟する）ためにその住処《すみか》に分け入る。また、飢饉でコタン近辺での野草や漁猟がないとき、イウォロに数ヵ月仮寓し食料を求めた（「バイケイソウを食べて死にそうになった話」、萱野茂『ウウェペケレ集大成』）。イオルというアイヌ語が歴史学や文化人類学でナワバリ、領域として理解されてきた経緯は、奥田統己によって批判的に検討されている（奥田・一九九八）。

奥山に住んで流域の生態系の頂点とみなされるヒグマへの儀礼の実施が、その流域のアイヌの狩猟・漁撈の権利の根拠となり、和人には領域として「持分・領分」と解釈されることは理解できる。だからこそ、アイヌ史・アイヌ文化にとって重要な意味を持つといえる。現代に復興し創造する「伝統的生活空間」を安易にイオルというアイヌ語名称で呼ぶということは、アイヌ語名称が「伝統的アイヌ文化」に直結し、「伝統的」でなければアイヌ文化ではないというイメージに加担することになっていないだろうか（札幌学院大学・一九九七）。アイヌ文化振興法のもつ「伝統的」アイヌ文化重視の限界を越え、現在の自然環境や社会のなかで先住民文化を創造するための実験、実践の場というあらたな意味でイウォロという言葉を使う、ということになるには、現状からはかなりの距離がある。

また、これまでの委員会では、明治以降禁じられている川でのサケ漁をイオルにおいてアイヌのみが行なえるようにする、ということが議論されている。アイヌの先住権は否定されているのだが、法で肯定されている文化の享有という面から生業権の獲得を実現する可能性が模索されているのかもしれない。そこには、イオルに排他的権利が伴っている。

では、権利の主体であるアイヌはどう認定されるのであろうか。初鮭迎えの儀式を行なったり、鮭が川を上る風景を取り戻すだけなら比較的容易にできる。しかし季節的な狩猟や漁撈は伝統的な知識と専門的な技量を必要とする。それを現実にどれだけの人々が行なうつもりがあるのかも明示されないまま、先住権や生業権を引き合いに出しながらイオル構想を推進しようとする。それには一般的な先住民の戦略として次のような理由がある。マジョリティーとは異なる独自性を表徴する生業活動がレトリックに欠かせない要素になっており、現代社会の環境破壊からくる不安に、「自然とともに生きる」ことの象徴である生業活動は時勢に合致している。だからそうしたレトリックが容易に定着した（スチュアート・一九九六）。

アイヌの自然観と賢明な利用

アイヌの自然への作用は、近世には交易のために大量の毛皮獣を捕り、漁場労働者として大量のニシンやサケを捕り、水産物加工の燃料の薪を大量に伐るというものであった。近代には山を開いて道路を作り、伐木し開墾して牧場や水田を営んだ。現在まで伝わっている口頭伝承には、そのような経済活動がふくまれるが自然観と矛盾するものとしては語られない。文化のなかにある、自然環境についての思想はそれとして受け継がれていても、社会構造は自然と人間との関係を変えてしまった。アイヌが変化のなかでどのように自らの文化を認識し、アイヌ（＝人間）として自然（＝神）との関係を保とうとしたのか、それを検証することが必要であろう。

先住民の文化は自然と共生する文化として、今日の地球規模での環境問題に英知を与えることが期待されている。アイヌ文化振興法は国民に対するアイヌ文化の普及啓発を謳っていて、自然に対する先住民の知恵はひろく知られるべきだとしている。しかし、復興されようとしているアイヌ文化における自然との共生、「伝統的な文化」が具体的にはどのように現在求められている持続可能な資源利用とつながるのかについては、イメージ先行で明らかとはいえない状況にある。とくに伝統的には採集・狩猟を生業とする先住民は、必要以上の獲物をとらない、捕獲した獲物を可能な限り利用する、自然と調和した生活を営み、過剰な消費をしないというイメージであり、採集狩猟経済を営む人びとが、計画的に収穫することによって食料資源は持続的に利用できるとされているが、本来、そのような自然と人間を相対するものとする考え方はない（スチュアート・一九九六）。

北海道全体で数万人という人口の規模と生活の形態、口頭伝承の分析による推測からいえば、意識的な資源利用操作をするのではなく、自然の状態によって集落を移動させたり、採集地や猟場を変えたりすることで対処していたことが考えられる。おそらく、山菜などは数年間の採取により資源が減少するとそれほど遠くない他の地域に移動し回復するころに戻るというサイクルがあったのではないだろうか。この場合の資源減少は乱獲ではなく、たとえばギョウジャニンニクは、自生地において種子から成株になるまで七〜八年を要し、成株の地上部を採取したら元の大きさに戻るまで数年を要する（金澤俊成「ギョウジャニンニクの形態・発育特性及び栽培化に関する基礎的研究」『北海道大学農学部邦文紀要』一八―一、一九九三年十月)。根こそぎ採ることをしなければ、やがては回復することになる。意図的な利用法ではなく、自然と人間との生態的合致が可能であった条件の下に暮らしが営まれた時間が長かったのである。アイヌ文化における持続可能な自然利用についての研究はほとんどないが、イメージ先行のアイヌ文化に関する言説を検証する研究は行なわれ始めている(米田・一九九六)。

アイヌの人々が自ら先住民の賢明な利用というイメージを強調するのには、日本の政治的枠組みのなかで、先住民に対し国際的に認められている先住権が保留されていることを強調することになり、イオルを自然と一体となった地域集団の領域概念として、その領域の資源の保護を行なっていたのであり、江戸時代の蝦夷地がけっして無主の地でなかったことを主張することにもなるという含意があるとも考えられる。

蝦夷観再生のメカニズム

残っている史料で見る限り、最初のエミシの史料の段階から、表現者は過去のものを甦らせている。エゾ観は常に過去のエゾを再生させているのである。エゾは観念の産物なので、実体のあるアイヌとは別の次元である。しかし、現在でもエゾ観はアイヌに対して作用している。エゾはアイヌかという問題の立て方もそうであるが、問題であると思うのは、近代のアイヌ無視の日本社会が現代の社会変動の渦中でアイヌの存在を浮上させるのに、かつてのエゾ観を現代的付加価値として持ち出す危うさがあることである。

近代以降一貫して流れているのは、アイヌ民族への無視である。無視というアイヌ観が、開拓政策によるアイヌの生活困窮や精神的な抑圧に作用した。アイヌの同化は、明治初期の一時期を除き、それ自体を目的にしたというより、土地の開拓や北海道の「民度」向上のために障害となる「劣等」なアイヌをどう和人並に近づけるかという問題となって浮上する。対応するのは、天皇により統治される国の夷狄となって天皇の徳を高めるために存在するという基本的な蝦夷観であり、アイヌ自身による日本人としての自己実現の言動が社会に向かって発揮されることさえも、和人側からはアイヌの内部における民族精神は無視して、「目覚めた」アイヌというとらえ方になった。

一九七〇年代まで、アイヌ観は国家からの観点ではみえない。戦後の日本社会では観光によるアイヌ観の醸成など、「アイヌ」はより多くの人々の目に映るようになった。しかし、それがアイヌの歴史と無関係に展開する認識であったことを銘記する必要がある。歴史に目を向けるならば、見えないアイヌの存在と、見えないアイヌの側面があることに気が付くのである。

あとがき

古代のエミシはアイヌか、という問題はアイヌが謎の民族であるというイメージとともに長い間繰り返し議論されてきた。とはいっても、それは明治以降のことで、アイヌをアイヌとしてその出身を科学的な探求の対象としたのはまず欧米の人々であった。アイヌはどこから来たのか、アイヌ語はどの言語と関係があるのかという問題は十九世紀に関心の的となっていた。それを受けて、日本でも新しい学問が発達すると、当時滅びゆく民族と喧伝されたアイヌが興味深くとりあげられた。アイヌは北海道旧土人保護法によって、消え去る運命ゆえに保護されるべきものとされ、日本の中で独自の文化を持つ民族として存在し続けていることは無視されてきた。

脱稿後の二〇〇八年六月六日、国会では衆参両院本会議において、アイヌを先住民族と認める決議が採択された。一九九七年から施行されたアイヌ文化振興法ではアイヌが先住民族であることの認定は行なわれなかった。その後の日本政府に対する数度にわたる国連の人権関連機関からの勧告、直接的には二〇〇七年九月に国連総会において「先住民族の権利に関する国連宣言」が採択された際に日本政府も賛成したことと二〇〇八年七月の北海道洞爺湖《とうやこ》サミット開催が時期的な契機となったといわれている。内実が問題だが、現在のアイヌをめぐる社会的な状況は大きく変わってきており、アイヌの新世代の登場は輝いてみえる。そのような現在において、アイヌ民族のことを知るために、エミシ、エビス、エゾといった名称にこだわることにどういう意味があるのだろうか。

はるか以前から、エミシやエゾという異民族の存在は日本の歴史の中で認識されていた。為政者は異民族の異質性を排除することで日本という国や日本人という国民を成り立たせようとしてきた。ある場合には、その存在を都合よく利用してきたのだった、現在に至るまで。そのような態度は歴史的に蓄積され、ひとりひとりが受けた教育や獲得した教養のなかに染み透っている。エミシやエゾという言葉を手がかりにして、アイヌ観を解きほぐしていく。それは現在の私たちひとりひとりにとってアイヌ史に寄り添う姿勢の基礎となるものである。その作業はまだまだ先がある。

本書は二〇〇三年に刊行した『アイヌ民族史の研究―蝦夷・アイヌ観の歴史的変遷―』に

基づいている。吉川弘文館編集部の大岩由明さんはこの歴史文化ライブラリーの原稿を読み、「そうだったのかと思う」とおっしゃった。ならば、私の考えたことにも意味があるだろうと、その言葉によって完成することができた。岡庭由佳さんには前著に続いてふたたびお世話になり、細かい部分まで丁寧に配慮していただいた。図版掲載にあたっては、多くの機関のご厚意が必要であった。記して感謝申し上げる。なお本書の一部の記述は総合地球環境学研究所プロジェクト〝日本列島における人間‐自然相互関係の歴史的・文化的検討〟の補助を受けている。

二〇〇九年三月

児　島　恭　子

参考・引用文献

明石一紀（一九九七）「将家・兵の家・党」民衆史研究会『民衆史研究の視点』三一書房
秋山光和（一九六四）『平安時代世俗画の研究』吉川弘文館
朝賀　浩（一九九二）「聖徳太子絵伝―研究と課題―」『四天王寺の宝物と聖徳太子信仰』「四天王寺の宝物と聖徳太子信仰」展実行委員会
朝賀　浩（一九九四）「四天王寺聖霊院絵堂聖徳太子絵伝の再検討」大阪市立美術館『聖徳太子信仰の美術』
浅倉有子（一九九〇）「蝦夷認識の形成」北海道・東北史研究会編『北からの日本史　2』三省堂（再録『北方史と近世社会』清文堂、一九九九年）
阿部泰郎（一九八三）「『正法輪蔵』東大寺図書館本―聖徳太子伝絵解き台本についての逸考察―」『芸能史研究』八二
阿部隆一（一九七一）「室町時代以前成立聖徳太子伝記類書誌」聖徳太子研究会編『聖徳太子論集』第三巻、平楽寺書店
網野善彦（一九九三）『日本論の視座』小学館ライブラリー
石上英一（一九八七）「古代東アジア地域と日本」『日本の社会史　1』岩波書店
伊藤喜良（一九九三）『日本中世の王権と権威』思文閣出版

伊藤正義（一九八〇）「慈童説話考」『国語国文』五五五
今津隆弘（一九九四）「『諏方大明神絵詞』の解説」『神道史研究』四二―三
入間田宣夫（一九九八）「日本将軍と朝日将軍」『中世武士団の自己認識』三弥井書店
今泉隆雄（一九八六）「蝦夷の朝貢と饗給」高橋富雄編『東北古代史の研究』吉川弘文館
今泉隆雄（一九九二）「律令国家とエミシ」『新版古代の日本9　東北・北海道』角川書店
今泉隆雄（一九九五）「三人の蝦夷―阿弖流為と呰麻呂・真麻呂―」門脇禎二編『日本古代国家の展開』上巻、思文閣出版
今泉隆雄（一九九五b）「律令における化外人・外蕃人と夷狄」羽下徳彦『中世の政治と宗教』吉川弘文館
今堀太逸（一九八二）「中世の太子信仰と神祇―醍醐寺蔵『聖徳太子伝記』を中心にして―」『鷹陵史学』八
上田英次・菊竹淳一（一九六九）「事績解説」奈良国立博物館編『聖徳太子絵伝』
梅原猛・高橋富雄（一九八四）『東北文化と日本』小学館
大石直正（一九七八）「中世の黎明」小林清治・大石直正編『中世奥羽の世界』東京大学出版会
大石直正（一九八〇）「外が浜・夷島考」関晃教授還暦記念会編『関晃先生還暦記念　日本古代史研究』吉川弘文館
大林太良（一九九一）『北方の民族と文化』山川出版社
奥田統己（一九九八）「アイヌ史研究とアイヌ語―とくに『イオル』をめぐって―」北海道・東北史研

究会編『場所請負制とアイヌ』北海道出版企画センター
小口雅史（一九八九）「蝦夷表記論の新展開」『文化における「北」』弘前大学人文学部特定研究報告書
小倉豊文（一九七二）『聖徳太子と太子信仰』付録（一）「第一部文献的資料目録・伝記的文献」綜芸社
長　節子（二〇〇二）『中世　国境海域の倭と朝鮮』吉川弘文館
海保嶺夫（一九八三）『中世蝦夷史料』三一書房
海保嶺夫（一九八四）『近世蝦夷地成立史の研究』三一書房
海保嶺夫（一九八七）『中世の蝦夷地』吉川弘文館
海保嶺夫（一九九六）『エゾの歴史』講談社
海保洋子（一九九二）『近代北方史―アイヌ民族と女性と―』三一書房
金井典美（一九八二）『諏訪信仰史』名著出版
亀田　攷（一九六五）「中尊寺願文雑事」『日本文化研究報告』別巻三
萱沼紀子（一九九六）「奥羽博物学派の成立」『安藤昌益の学問と信仰』勉誠社
菊竹淳一（一九七〇）「聖徳太子絵伝にみえる四季絵的要素」『MUSEUM』二二六
菊竹淳一（一九七三）『日本の美術91　聖徳太子絵伝』至文堂
菊竹淳一（一九七六）「聖徳太子の図像的系譜」『美術史』九九・一〇〇
菊池勇夫（一九八四）『幕藩体制と蝦夷地』雄山閣出版
菊池勇夫（一九九四）『アイヌ民族と日本人』朝日新聞社

菊池徹夫（一九八九）「蝦夷（カイ）説再考」『史観』一二〇
喜田貞吉（一九一六）「蝦夷の訓服と奥羽の拓殖」日本歴史地理学会篇『奥羽沿革史論』仁友社（『喜田貞吉著作集　9』平凡社、一九八〇年、所収）
金田一京助（一九一四）「日の本夷の考」『国学院雑誌』二〇—九・一〇（『金田一京助全集』三省堂、一九九三年、所収）
熊谷公男（一九八五）「蝦夷の誓約」奈良古代史談話会編『奈良古代史論集』一、真陽社
熊谷公男（一九八六）「阿部比羅夫北征記事に関する基礎的考察」高橋富雄編『東北古代史の研究』吉川弘文館
熊谷公男（一九九七）「蝦夷と王宮と王権と—蝦夷の服属儀礼からみた倭王権の性格—」奈良古代史談話会編『奈良古代史論集』三、真陽社
熊田亮介（一九八六）「蝦夷と蝦狄」高橋富雄編『東北古代史の研究』吉川弘文館
熊田亮介（一九九五）「饗給・撫慰と招慰」『仙台市史のしおり』三
クライナー、ヨーゼフ（一九九九）「ドイツにおけるアイヌ観、アイヌ研究並びにアイヌ・コレクションについて」アイヌ民族博物館編『テケカラペ—女のわざ—』アイヌ文化振興・研究推進機構
児島恭子（一九八四）「エミシ、エゾ、『毛人』『蝦夷』の意味」竹内理三先生喜寿記念論文集刊行委員会編『律令制と古代社会』東京堂出版
児島恭子（一九九四）「蝦夷錦とラッコ皮の道」『歴史の道　再発見　1』フォーラムA
児島恭子（二〇〇三）『アイヌ民族史の研究—蝦夷・アイヌ観の歴史的変遷—』吉川弘文館

小島瓔礼（一九六三）「諏訪大明神絵詞」続群書類従完成会編『群書解題』一下、続群書類従完成会
小山正文（一九八六）「遊行寺本『聖徳太子伝暦』の書写者と伝持者」『聖徳』一〇九
小山正文（一九八七）「四天王寺絵所」『さろん日本文化』一八
斉藤利男（一九九四）「中世エゾ観における正統と異端」羽下徳彦編『中世の政治と宗教』吉川弘文館
佐伯真一（一九九六）「夷狄観念の受容」『平家物語遡源』若草書房
桜井好朗（一九七五）「中世における漂泊と遊芸」『岩波講座日本歴史五　中世Ⅰ』岩波書店
桜井好朗（一九七六）「神々の変貌―社寺縁起の世界から―」第五章「人となって苦しむ神『神道集』」
東京大学出版会
佐々木利和（一九七二）「中古・中世における蝦夷の風俗について―聖徳太子絵伝によるアプローチ―」『北海道の文化』二五
佐々木利和（一九九二）「アイヌ絵考」『新版［古代の日本］・東北・北海道』角川書店
佐々木利和（二〇〇四）『アイヌ絵誌の研究』草風館
札幌学院大学人文学部編（一九九七）『アイヌ文化の現在』札幌学院大学生活協同組合
新村　出（一九二八）「愛智随筆」『新愛知』一九二八年一月
杉山荘平（一九七九）「日本古代史上の粛慎」『北奥古代文化』一一
鈴木国弘（一九九四）「中世東国国家の形成と武家「王権」の展開―梵舜本『諏訪大明神画詞』の分析を中心として―」『日大人文研紀要』四七
スチュアート・ヘンリ（一九九六）「現在の採集狩猟民にとっての生業活動の意義」『採集狩猟民の現

在』言叢社
関口　明（一九九二）『蝦夷と古代国家』吉川弘文館
高崎富士彦（一九五七）「旧法隆寺献納御物聖徳太子絵伝屛風」『ＭＵＳＥＵＭ』七七
高橋公明（一九八一）「夷千島王遐叉の朝鮮遣使について」『北海道史研究』二八
高橋貞一（一九六九）「聖徳太子伝寛文刊本の成立」『仏教文学研究第八集』法蔵館
武廣亮平（一九九三）「延暦十一年の蝦夷入朝について―長岡京期の入朝に関する一試論―」『日大人文研紀要』四五
田中　聡（一九九七）「民夷を論ぜず―九世紀の蝦夷認識―」『立命館史学』一八
田中嗣人（一九八三）『聖徳太子信仰の成立』吉川弘文館
千葉徳爾（一九六九）『狩猟伝承研究』風間書房
筑土鈴寛（一九六六）『中世芸文の研究』有精堂出版
津田左右吉（一九五〇）「粛慎考」『日本古典の研究　下』岩波書店
土橋　寛（一九七六）『古代歌謡全注釈　日本書紀編』角川書店
遠山美都男（一九九八）「日本古代の訳語と通事」『歴史評論』五七四
徳田和夫（一九八四）「絵解き圏の説話」『日本文学』三三―四
百橋明穂（一九八九）「総説　聖徳太子絵伝」『真宗重宝聚英　第七巻　聖徳太子絵像、聖徳太子木像、聖徳太子絵伝』同朋舎出版
鳥居竜蔵（一九二六）「太子絵伝中のアイヌの人物図」『極東民族』一巻、生活文化研究会

林　幹弥（一九八〇）『太子信仰の研究』吉川弘文館
ピーティー・マーク（一九九六）浅野豊美訳『植民地―帝国五〇年の興亡―』二〇世紀の日本4、読売新聞社
平川　南（一九八七）「俘囚と夷俘」青木和夫先生還暦記念会編『日本古代の政治と文化』吉川弘文館
北海道・東北史研究会編（一九八八）『北からの日本史』三省堂
牧野和夫（一九八三a）「孔子の頭の凹み具合と五（六）調子等を素材にした二、三の問題」『東横国文学』一五
牧野和夫（一九八三b）「新出聖徳太子伝二種」『斯道文庫論集』二〇
牧野和夫（一九八四）「慶応義塾図書館蔵『聖徳太子伝正法輪』翻印並びに解説」『東横国文学』一六
牧野和夫（一九八九）「新出聖徳太子伝二種―承前―」『斯道文庫論集』二四
松前町史編集室編（一九八四）『松前町史　通説編　一巻　上』
村井章介（一九七九）「室町幕府の最初の遣明使について」今枝愛真編『禅宗の諸問題』雄山閣出版
村井章介（一九八八）『アジアのなかの中世日本』校倉書房
森嘉兵衛（一九五六）「岩手県古文書」赤堀正雄編『岩手の文化財』岩手県教育委員会
盛本昌広（一九九七）『日本中世の贈与と負担』校倉書房
山田秀三（一九八二～八三）『山田秀三著作集』全四巻、草風館
山田洋嗣（一九九三）「歌学書と説話」『説話の講座』三、勉誠社
米田（本田）優子（一九九六）「学校教育における「アイヌ文化」の教材化の問題点について」『北海

道立アイヌ民族文化研究センター紀要』二
渡邉信和（一九八〇）「共同研究「万徳寺蔵『聖徳太子伝』翻刻」」『同朋学園仏教文化研究所紀要』二
渡邉信和（一九八九）「覚什『聖徳太子伝記』翻刻並びに釈文（一）」『同朋学園仏教文化研究所紀要』一一
渡邉信和（一九九三）「頼長のみた障子絵と絵解と─鳥羽法皇の四天王寺参詣をめぐって─」『絵解き研究』一〇

著者紹介

一九五四年、東京都に生まれる
一九七六年、早稲田大学第一文学部卒業
一九八五年、早稲田大学大学院文学研究科博士課程後期満期退学
二〇〇二年、博士(文学)
現在、早稲田大学・昭和女子大学非常勤講師

主要著書・論文
『アイヌ民族史の研究』、『アイヌの道』(共編)、「一八・一九世紀におけるカラフトの住民」(北方言語・文化研究会編『民族接触』)

歴史文化ライブラリー
273

エミシ・エゾからアイヌへ

二〇〇九年(平成二十一)六月一日　第一刷発行

著　者　児《こ》島《じま》恭《きょう》子《こ》

発行者　前田求恭

発行所　株式会社 吉川弘文館
東京都文京区本郷七丁目二番八号
郵便番号一一三―〇〇三三
電話〇三―三八一三―九一五一〈代表〉
振替口座〇〇一〇〇―五―二四四
http://www.yoshikawa-k.co.jp/

印刷＝株式会社 平文社
製本＝ナショナル製本協同組合
装幀＝清水良洋・長谷川有香

歴史文化ライブラリー
1996.10

刊行のことば

現今の日本および国際社会は、さまざまな面で大変動の時代を迎えておりますが、近づきつつある二十一世紀は人類史の到達点として、物質的な繁栄のみならず文化や自然・社会環境を謳歌できる平和な社会でなければなりません。しかしながら高度成長・技術革新にともなう急激な変貌は「自己本位な刹那主義」の風潮を生みだし、先人が築いてきた歴史や文化に学ぶ余裕もなく、いまだ明るい人類の将来が展望できていないようにも見えます。このような状況を踏まえ、よりよい二十一世紀社会を築くために、人類誕生から現在に至る「人類の遺産・教訓」としてのあらゆる分野の歴史と文化を「歴史文化ライブラリー」として刊行することといたしました。

小社は、安政四年（一八五七）の創業以来、一貫して歴史学を中心とした専門出版社として書籍を刊行しつづけてまいりました。その経験を生かし、学問成果にもとづいた本叢書を刊行し社会的要請に応えて行きたいと考えております。

現代は、マスメディアが発達した高度情報化社会といわれますが、私どもはあくまでも活字を主体とした出版こそ、ものの本質を考える基礎と信じ、本叢書をとおして社会に訴えてまいりたいと思います。これから生まれでる一冊一冊が、それぞれの読者を知的冒険の旅へと誘い、希望に満ちた人類の未来を構築する糧となれば幸いです。

吉川弘文館

〈オンデマンド版〉
エミシ・エゾからアイヌへ

歴史文化ライブラリー
273

2022年（令和4）10月1日　発行

著　者　児《こ》島《じま》恭《きょう》子《こ》
発行者　吉川道郎
発行所　株式会社　吉川弘文館
〒113-0033　東京都文京区本郷7丁目2番8号
TEL　03-3813-9151〈代表〉
URL　http://www.yoshikawa-k.co.jp/

印刷・製本　大日本印刷株式会社
装　幀　清水良洋・宮崎萌美

児島恭子（1954～）

ISBN978-4-642-75673-0